# L'humanité se meurt... (II)

## -La planète des Sages-

Quel est le propre d'un individu comme toi?

Jouis-tu d'un libre arbitre ou d'une attachante volonté ?

Connais-tu d'apaisantes croyances ou un doute effroyable?

Préfères-tu la bêtise naturelle ou l'intelligence artificielle?

Tu n'as rien fait de grand sans émotion.

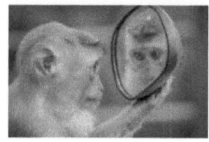

# PROLOGUE

Mon ami, tu le dis toi-même: «*l'écriture a une vertu thérapeutique*». Et même plus, tu es en train de t'éveiller à toi-même. Tu es en cours de transition, en réalisation du «*connais-toi toi-même*». Cette assertion, sous sa forme impérative, indique que l'exigence de l'homme doit se porter sur sa nature. C'est en se connaissant, en cherchant en lui-même, que l'homme peut trouver la sagesse.

Et lorsque «*tu te trouves*» au sens de la connaissance de soi, la sagesse s'établît, et il n'y a plus d'effort à progresser. La souffrance s'estompe. Le rocher est en haut de la montagne et il y reste. End of the Game. Rien ne peut plus t'arriver. Tu regardes la vie au travers du kaléidoscope des consciences. Tu parles aux arbres, les soirs venteux. Allongé dans ton lit, comme le bouddha, tu respires ton état végétatif et tes extrémités sont alors des racines. Tu ne rêves plus. Tu vis. Tous les petits ou grands détails, jadis perçus comme des injustices et/ou des imperfections, sont maintenant assimilés dans la structure, dans le métabolisme parfait de l'univers.

> « Bien que n'étant pas homme
> A désarmer devant les aléas de la
> Création
> Là, je me sentais comme
> Une chenille accablée à la pensée
> De finir papillon.
> Lorsqu'une idée sublime gracieuse et légitime
> Surgie du fond de mon inconscient
> S'en vint tout naturellement sonner les matines
> Entre mes deux tympans. »

Tu es la chenille d'Higelin (*La fuite dans les idées*). Tu as cherché *à dépouiller*, et même à 'tuer', le vieil homme ... Je crois que tu commences à te changer, le processus est en route. Le rêve que tu fais, et les auteurs utilisés sont les matériaux occidentaux utilisés pour *illustrer, bâtir* ta transformation. Et qui choisis-tu? Les plus grands auteurs enclins à promouvoir la transformation humaine, la nécessité de transformation de l'Humanité. Ne conclus-tu pas toi-même à une planète des Sages ?

Verlaine nous a livré son cœur, assoiffé de tendresse et meurtri par les déceptions; il est humain et ses sanglots longs ne pourront rien y changer. Rimbaud est le 'transformer' par excellence, il a changé la poésie, le langage, la morale et il le rajoute : «*il faut se faire voyant*». «*Je suis un autre*». Souvent je t'ai soufflé ce vers, qui est aussi ma maxime.

« **Car Je est un autre. Si le cuivre s'éveille clairon, il n'y a rien de sa faute.** *Cela m'est évident: j'assiste à l'éclosion de ma pensée; je la regarde, je l'écoute*».

C'est le passage en gras qui est la clé. Tout y est : le bas métal qui devient de l'Or, le cuivre martelé, façonné, travaillé, devient un instrument avec des reflets d'or… Le métal simple en barre, soumis à l'agitation moléculaire, au mouvement brownien, qui devient instrument de musique, capable de son, d'harmonie, d'ordre et d'information.

C'est aussi le processus de sublimation, cher au psychiatre, et relié au plaisir. La sublimation *extraordinaire* dans le cas de Rimbaud, qui invente un langage. Bien souvent, au sens freudien, cette sublimation débouche sur une dépression qui elle-même '*accouche d'une œuvre*'.

Finalement, le clairon. ***Si le cuivre s'éveille clairon, il n'y a rien de sa faute.***

Ton ami, RRL

## Quel est le propre d'un individu comme toi?

Je me réveille...

Je me réveille et je remarque que je fais toujours le même rêve, depuis quelque temps. Un rêve étrange … et pénétrant, si j'ose reprendre les termes de Paul Verlaine. Je me lève, je marche vers la bibliothèque où se trouve mon exemplaire des *'Poèmes Saturniens'* et je relis *'mon rêve familier'* :

> *«Je fais souvent ce rêve étrange et pénétrant*
> *D'une femme inconnue, et que j'aime, et qui m'aime,*
> *Et qui n'est, chaque fois, ni tout à fait la même*
> *Ni tout à fait une autre, et m'aime et me comprend. »*
>      -    Paul Verlaine
>      -

Dans mon rêve, il ne s'agit pas d'une femme mais d'une **espèce** *inconnue, que j'aime et qui m'aime*. Une étrange et pénétrante vision selon laquelle une transformation ou une extinction de notre espèce va avoir lieu, pour faire place à une autre, inconnue. Pourquoi la disparition de l'humanité me hante-t-elle à nouveau, alors que j'en ai fait l'analyse et le deuil dans un ouvrage intitulé *'L'humanité se meurt. Et vous, comment allez-vous?'*. Malgré cela, l'étrange vision persiste...

Je sais qu'il m'est toujours difficile de l'accepter: «*L'humanité va vraiment disparaître? - A moins que l'espèce humaine ne dure littéralement pour toujours [ce qui ne peut évidemment pas être le cas], elle cessera un jour d'exister.*» Merci, Nick Bostrom... Quand on y réfléchit un peu, la fin de l'espèce humaine est une information inscrite dans la vie elle-même: tout naît, meurt et renaît. «*Rien ne se perd, rien ne se crée, tout se transforme*»[1]. Le vivant est en perpétuelle évolution, en perpétuelle transformation, en perpétuel apprentissage. Ainsi, quand on y réfléchit un peu, on réalise qu'effectivement l'espèce humaine cessera un jour d'exister...

J'entends, parmi vous, des voix qui s'insurgent: « *Quelle hérésie, quel sacrilège! Quel cynisme, quel nihilisme ! Ne sais-tu pas, individu X, que nous sommes effectivement l'espèce la plus évoluée[2], celle arrivée au sommet de l'évolution darwinienne. Il y a même parmi nous un peuple élu de Dieu! Comment peux-tu t'exprimer ainsi et surtout le partager avec tes Frères et Sœurs ?*»

Et je vous comprends, je l'ai dit: il m'est aussi difficile qu'à vous de concevoir que notre espèce puisse s'éteindre un jour, pour peut-être laisser la place à une autre. C'est pour ça que nous avons toujours d'énormes difficultés à admettre la

---

[1] Citation attribuée à tort à Antoine Lavoisier
[2] Quel plaisir de lire que l'homme est au même niveau que l'anchois... dans la chaine alimentaire ! https://www.lemonde.fr/planete/article/2013/12/05/l-homme-au-meme-niveau-que-l-anchois-dans-la-chaine-alimentaire_5993387_3244.html

disparition d'un individu qui nous est proche. Nous ne concevons pas du tout que notre propre espèce puisse être en voie de disparition, c'est-à-dire que les enfants des enfants de nos propres enfants pourraient ne plus pouvoir naître. La fin du gène égoïste (selon Richard Dawkins)?!?

Peut-être le plus désagréable dans l'histoire est d'être seul ou de se croire seul à percevoir une telle vision *apocalyptique.* On se sent alors comme un point d'exclamation au milieu d'un livre de points de suspension, comme le Cri d'Edvard Munch dans une galerie de tableaux sans visiteurs, ou comme le héros Neo quand il découvre l'envers du décor de la Matrice... On se sent, je me sens dramatiquement impuissant, ridiculement petit, foncièrement isolé.

Puis un rai de lumière vient parfois percer les ténèbres de ce rêve étrange et sombre ; une voix vient me *souffler* que nous sommes au contraire assez nombreux dans la même situation. Assez nombreux à percevoir ce futur tragique, à ressentir l'orage qui approche, à ne pas savoir quoi faire de cette vision, à ne pas oser partager les augures. Nous serions assez nombreux à savoir dans nos tripes et dans nos cœurs que l'ère actuelle – à laquelle, en plus, nous avons donné notre nom, l'Anthropocène, probablement en guise d'épitaphe ! – s'achèvera bientôt pour laisser place à une autre, que certains désignent déjà comme l'*'Age d'Or'*. Une ère où la Nature aura retrouvé ses droits, où l'intelligence ne sera ni artificielle, ni humaine, mais ... spirituelle. Nous serions assez nombreux à ressentir ce qui va advenir et ne pas l'évoquer, assez nombreux à le souhaiter et le craindre à la fois, assez nombreux à nous sentir dissemblables des autres et pourtant si semblables. Tant mieux, je me sentirai moins seul…

Que veut me signifier cette fois ce rêve étrange d'une espèce inconnue, remplaçant la nôtre? Aurais-je oublié une cause possible de l'extinction humaine dans le travail précédent *'L'humanité se meurt…* '? Est-ce pour me signifier qu'une caractéristique propre de l'homme va s'effacer progressivement, insidieusement et inéluctablement? Ou qu'au contraire elle va se développer, s'affirmer, se distinguer encore davantage?

Quel est le propre de l'homme? J'ai l'impression d'être redevenu le bachelier de seize, dix-sept ans lors de son épreuve de philosophie. « *Rire*, répondrait Rabelais ! *Rire reste le propre de l'homme* ». Depuis, notre illustre ancêtre a été démenti : les chimpanzés et les bonobos rient, ainsi que les rats!

Marina Davila Ross, zoologiste et psychologue, est spécialisée dans l'étude des rapports entre primates et êtres humains à l'université de Portsmouth. Ses collègues et elle ont effectué plus de 800 enregistrements, dans différents zoos, chez 22 jeunes gorilles, chimpanzés, bonobos, orang-outan et chez un siamang. Ces jeunes animaux se mettent très facilement à rire lorsqu'on leur chatouille les pieds, les paumes des mains ou les aisselles.

Ils ont ensuite comparé ces résultats à ceux de trois bébés humains enregistrés dans les mêmes conditions, en les classant en fonction de l'âge. Les chercheurs ont ainsi établi que le rire n'est pas une caractéristique propre à l'homme!

Quant à nous, le rire est devenu moins spontané, davantage codifié, voire un métier… Vous souvenez-vous quand vous avez ri la dernière fois ? Je ne parle pas de ce rire jaune que nous avons tous eu à l'annonce de la pandémie et du confinement dans un pays si distant de l'origine du mal. Quand vous êtes-vous esclaffé à vous en mordre les lèvres, quand avez-vous explosé d'un éclat de rire qui a touché tous vos convives ?

Non, Sieur François Rabelais, le propre de l'homme n'est pas le rire … Et même s'il l'était, il serait bien difficile d'établir une quelconque corrélation entre la fréquence peut-être baissière de nos rires d'homme et … notre éventuelle disparition! Ou alors, nous pourrions en rire à gorge déployée ! Mais non, le propre de l'homme n'est pas le rire.

«C'est la lecture!» corrigent des auteurs du XXème siècle, comme Madeleine Chapsal. J'aurais bien aimé qu'ils aient raison. Mais quelques statistiques semblent annoncer que l'homme lit de moins en moins, au profit d'un média plus facile à consommer : la vidéo, le *'tube'* et le jeu vidéo.

Pourtant, la lecture nourrit notre vie intérieure. Elle peut s'amorcer partout, à la plage, sous un arbre, au bureau... C'est à chaque fois une nouvelle rencontre avec la vie d'autrui. *La lecture, notamment de romans ou de poésies, est une expérience vicariante, c'est-à-dire qui nous permet de bénéficier de l'expérience d'autrui, d'accéder à sa vie intérieure pour enrichir, éclairer ou bousculer la nôtre. Elle est aussi une manière de pratiquer la psychologie!*[3]

---

[3] Annoncent Christophe André et France Culture (2017)

Et là, pour le compte, nous pourrions trouver une corrélation entre l'éventuelle baisse de la lecture chez nous les humains et le réalisme des scénarios de notre disparition: en lisant moins, l'homme se nourrit moins de science-fiction et ainsi il anticipe moins l'avenir possible de son espèce ![4]

La disparition du rire ou de la lecture ne saurait être la cause de notre extinction ou de notre évincement.

Quid de notre intellect, notre intelligence supérieure et technologique ? J'ai lu un jour «*une théorie selon laquelle l'intellect humain était comme des plumes de paon. Juste un affichage extravagant destiné à attirer un compagnon. Tout l'art, la littérature, un peu de Mozart, William Shakespeare, Michel-Ange et l'Empire State Building. Juste un rituel d'accouplement élaboré*»[5]. Juste un rituel d'accouplement élaboré ! Si je pense, c'est avant tout pour élaborer une façon d'attirer mon partenaire (non genré)! A l'inverse, prenons les cochons: la recherche scientifique actuelle (humaine, je vous l'accorde) sur les descendants du sanglier nous dit qu'*ils ont une excellente mémoire à long terme, sont capables de comprendre un langage symbolique, qu'ils ont la notion du temps, se souviennent d'épisodes spécifiques de leur passé et anticipent des événements futurs, qu'ils excellent dans la navigation au sein de labyrinthes et dans d'autres tâches spatiales, qu'ils sont créatifs dans le jeu, qu'ils évoluent au sein de communautés sociales complexes et savent facilement différencier des individus, aussi bien humains que cochons,*

---

[4] Je vous saurai gré de votre indulgence pour ce raisonnement bien alambiqué !
[5] Citation de Robert Ford dans la série Westworld

*qu'ils ont une forme de compréhension de la perspective des autres, comme indiqué par leur capacité à duper autrui, qu'ils ont des émotions, qu'ils font preuve d'empathie et d'une forme de reconnaissance d'eux-mêmes... Ils auraient même **des personnalités distinctes.**»*[6]

Alors, notre intellect, notre intelligence ? Rien de mieux pour nous faire ravaler tout sentiment de supériorité, n'est-ce pas?

Désespéré, j'invite Robert Paris à se joindre aussi au débat; il commente[7]: « *On l'a bien cherché, le propre de l'homme, et la vérité nécessite de dire qu'on ne l'a trouvé nulle part. Des auteurs qui avaient affirmé l'avoir trouvé ont été contredits par les recherches scientifiques ultérieures et aucun critère simple n'a pu être dégagé. Ni le rire, ni le langage, ni les outils, ni la station debout, ni l'organisation sociale, ni la capacité de chasser de manière organisée et planifiée, ni le gros cerveau, ni la capacité de calculer, ni la conscience, ni l'éducation des enfants, ni la raison, ni l'affectivité, ni l'intelligence, ni les émotions, ni la souffrance pour soi et pour les êtres aimés, ni le rêve, ni la capacité de faire des projets, ni les maîtrise des outils, ni la culture, ni le travail, ni le goût, ni … même les gènes ! Et même pas la violence, la capacité de destruction, les guerres...* » Circulez, il n'y a plus rien à voir qui soit *'propre'* à l'homme.

---

[6] Dr Lori Marino, neuroscientifique spécialisée dans le comportement et l'intelligence des animaux, et Christina Colvin, professeure à l'Emory College of Arts and Science
[7] https://www.matierevolution.fr/spip.php?article4270

L'homme serait-il resté une sale bête, sans caractéristique propre? François-Marie Arouet alias Voltaire veut intervenir :

> Tous les hommes qu'on a découverts dans les pays les plus incultes et les plus affreux vivent en société comme les castors, les fourmis, les abeilles, et plusieurs autres espèces d'animaux.
>
> On n'a jamais vu de pays où ils vécussent séparés, où le mâle ne se joignît à la femelle que par hasard, et l'abandonnât le moment après par dégoût ; où la mère méconnût ses enfants après les avoir élevés, où l'on vécût sans famille et sans société. Quelques mauvais plaisants ont abusé de leurs esprits jusqu'au point de hasarder le paradoxe étonnant que l'homme est originairement fait pour vivre seul comme un loup-cervier, et que c'est la société qui a dépravé la nature.

«Brice, tu es un animal qui vit en société, comme plusieurs autres espèces d'animaux. Mais… *tu es un être humain doué d'un libre arbitre. Ce qui te place au-dessus du niveau des animaux. Mais si tu traverses la vie sans pitié et sans compassion pour ton semblable, tu es comme un animal*[8]. »

Ah! Le libre arbitre, j'allais l'oublier. Nous serions les seuls individus du règne animal capables de librement vouloir, de prendre des décisions en toute conscience. Je doute que nous soyons les seuls, mais là n'est plus mon propos. Ce rêve récurrent et étrange est au-sujet de la disparition de notre espèce. Gardons-nous notre entière faculté de libre arbitre ou ne serions-nous pas en train, depuis quelque temps, de la déléguer ? Si le propre de l'homme est sa faculté de faire

---

[8] Truman Capote, 'De sang-froid' (1965)

librement des choix qui ainsi le sortent d'une condition humaine prédestinée ou des aléas du hasard, c'est en analysant ce qui reste de cette faculté que l'on pourra effectivement évaluer si l'humanité est en danger d'extinction.

Je suis debout, devant le miroir de la salle de bains et je prends librement, solennellement la décision de m'observer, pendant 24 heures. Est-ce que je suis encore amené à prendre librement des décisions dans le quotidien de la vie?

Petite parenthèse incisive (alors que je me brosse les dents): il a été démontré par les travaux expérimentaux de Benjamin Libet que la conscience (humaine tout du moins) ne serait pas causale mais suspensive : elle ne permettrait pas de prendre des décisions mais seulement d'annuler des décisions déjà prises par le cerveau. Notre libre arbitre consisterait davantage à librement annuler la poursuite d'activités cérébrales et motrices déjà lancées que de choisir une nouvelle voie. La conscience – qui plus est le libre arbitre – est toujours précédée d'activités inconscientes.

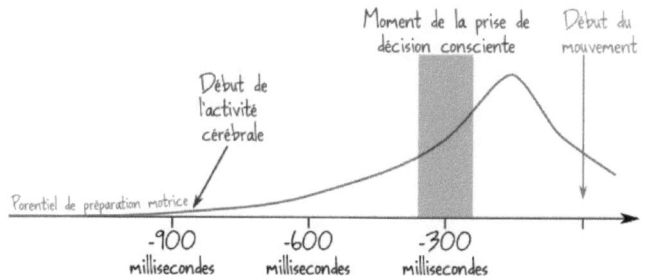

Si l'interprétation des travaux de Libet est validée, nous sommes à nouveau devant une découverte qui renforce nos blessures narcissiques d'Homo Sapiens Sapiens! Diantre ! Non seulement la planète sur laquelle nous vivons n'est pas le centre de l'Univers, non seulement notre espèce Homo Sapiens est en fait issue de celle des Grands Singes, non seulement notre moi ne contrôle qu'une faible partie de nos activités cérébrales, mais en plus - quatrième blessure - **il ne les contrôle peut-être pas du tout!**

Là, je dois poser la plume...

Résumons-nous: l'homme n'a pas de caractéristiques propres (et c'est plutôt normal pour cette sale bête qu'on adore!); son ancêtre est un grand singe un jour descendu de l'arbre, et plus récemment descendu de trois piédestaux sur lesquels il s'était lui-même installé.

Sigmund Freud, *Introduction à la psychanalyse* (1916) :

*« Dans le cours des siècles, la science a infligé à l'égoïsme naïf de l'humanité deux graves démentis. La première fois, ce fut lorsqu'elle a montré que la terre, loin d'être le centre de l'univers, ne forme qu'une parcelle insignifiante du système cosmique dont nous pouvons à peine nous représenter la grandeur. Cette première démonstration se rattache pour nous au nom de Copernic, bien que la science alexandrine ait déjà annoncé quelque chose de semblable.*

*Le second démenti fut infligé à l'humanité par la recherche biologique, lorsqu'elle a réduit à rien les prétentions de l'homme à une place privilégiée dans l'ordre de la création, en établissant sa descendance du règne animal et en montrant l'indestructibilité de sa nature animale. Cette dernière révolution s'est accomplie de nos jours, à la suite des travaux de Ch. Darwin, de Wallace' et de leurs prédécesseurs, travaux qui ont provoqué la résistance la plus acharnée des contemporains.*

*Un troisième démenti sera infligé à la mégalomanie humaine par la recherche psychologique de nos jours qui se propose de montrer au moi qu'il n'est seulement pas maître dans sa propre maison, qu'il en est réduit à se contenter de renseignements rares et fragmentaires sur ce qui se passe, en dehors de sa conscience, dans sa vie psychique. Les psychanalystes ne sont ni les premiers ni les seuls qui aient lancé cet appel à la modestie et au recueillement, mais c'est à eux que semble échoir la mission d'étendre cette manière de voir avec le plus d'ardeur et de produire à son appui des matériaux empruntés à l'expérience et accessibles à tous. D'où la levée générale de boucliers contre notre science, l'oubli de toutes les règles de politesse académique, le déchaînement d'une opposition qui secoue toutes les entraves d'une logique impartiale ».*

Ainsi la dernière blessure de l'homme, en date, pourrait concerner cette faculté supérieure d'entre toutes, l'*'art royal'* dont l'homme pense être le seul à en avoir la maîtrise: **la conscience**! A savoir : notre volonté, nos prises de décision consciente, interviendraient en fait quelques 500 ms après le début de nos activités cérébrales inconscientes. Vous imaginez ?

L'art de cette sale bête qu'on adore est aussi de remettre en cause ce qui le dérange! Je confirme ce que j'ai décidé il y a deux minutes: m'observer quelques temps, histoire moi aussi de chercher un contre-exemple. Et je vous inviterais volontiers à faire de même: posez cet ouvrage et observez-vous, par exemple pendant 24 heures. Quelle(s) décision(s) serez-vous amené à prendre ? Notez-les aussi si vous le souhaitez (comme en annexe).

Alors, votre volonté arbitre-t-elle librement ?

A demain !

## Jouis-tu d'un libre arbitre ou d'une attachante volonté?

Il est 7h30, je me réveille. Je sais que j'ai encore fait *ce rêve étrange et pénétrant d'une* **espèce** *inconnue, que j'aime et qui m'aime…*

Je me réveille, dis-je… En fait, j'utilise ici, par habitude, une première locution qui s'avère inappropriée : je ne me réveille pas ; c'est l'application 'réveil' qui s'en est chargé… Aucune décision de ma part. Il m'arrive évidemment de me réveiller par moi-même et à l'heure souhaitée, en 'programmant' la veille mon horloge interne : « *il faut que tu te réveilles demain à 7h30, mon ami ! Tu as ceci ou cela à faire demain*». Mais ce ne fut pas le cas ce matin…

En descendant l'escalier vers la cuisine du rez-de-chaussée, je remarque que notre Labrador m'accompagne : il 'veut' sortir et soulager sa vessie. Là encore, il ne s'agit pas d'une volonté librement arbitrée, ni pour mon fidèle compagnon ni pour moi. Un vulgaire besoin physiologique et mécanique pour l'un, et un soutien empathique et automatique pour l'autre[9].

Lors du petit-déjeuner, le poste de radio déverse son flux d'information plus ou moins anxiogène, comme à l'accoutumée. Exercer son libre arbitre aurait été de se lever et de couper cette arrivée de mauvais air. Qui plus est, ma femme et moi, qui avons déjà participé à des séminaires de pleine conscience, savons très bien qu'il est bien plus bénéfique d'être présent à ce que l'on fait au moment présent. Pour autant, – elle est aussi descendue, entre temps – aucun ne se lève ; nous écoutons ou nous nous laissons bercer. Bercer ou berner …

Ce matin, j'ai un rendez-vous médical à une quarantaine de kilomètres de chez nous. Là encore, aucune décision à prendre quant à l'heure de partir, puisque deux applications s'en chargent, telles deux sociétés de service qui souhaitent me conserver comme client et briller par leur pertinence, leur fiabilité, et la qualité de *mon expérience*. Et effectivement, contrat rempli: j'arrive cinq minutes avant l'heure dite, ce qui m'a ôté le stress de calculer, de m'impatienter ou de craindre de manquer le rendez-vous.

---

[9] Si, si, on peut ressentir automatiquement de l'empathie! Il n'y a là aucun paradoxe.

A l'issue de cette consultation, *mon* agenda prévoit que je rejoigne le bureau dans une heure. En sortant du cabinet, un zeste de pleine conscience vient parfumer mon cerveau citronné: « Il fait beau ; le bureau n'est pas très loin ; marche quelques pas dans le bosquet avoisinant! Ce sont les premiers jours du printemps!» Mais à peine mon moi conscient s'imprègne-t-il de ce parfum de liberté que les notifications de mon *téléphone intelligent* – un smartphone - se chargent sur l'appareil, ravies de retrouver du réseau après autant de temps cloisonnées quelque part entre leur maître serveur et leurs applications clientes. « *Vous avez 3 appels manqués*», « *Le premier ministre est intervenu auprès du parlement* », « *Votre prochain rendez-vous est à xxx* », « *N'oubliez pas l'anniversaire de Pierre* », « *Vous avez fait 236 pas depuis de matin* », ...

Là encore, arbitrer librement entre ces sollicitations – virtuelles et printanières – consisterait probablement à laisser la sonnerie des notifications s'abîmer dans l'environnement extérieur et à me réjouir de pouvoir décider encore pleinement de mes activités. Au lieu de cela, je laisse mon attention suivre la suite d'instructions que l'algorithme[10] de mon téléphone lui propose (ou lui impose):
- d'abord écouter les messages ;
- puis répondre aux demandes de renseignement ;
- comme le temps manque, souhaiter l'anniversaire de Pierre par agent interposé (un émoticône, un point.gif, que sais-je) ;

---

[10] Un algorithme est une suite d'opérations ou d'instructions permettant de résoudre une classe de problèmes

- enfin, améliorer mon nombre de pas journaliers en rejoignant la voiture à pied.

Triste réalité, mon ami: l'algorithme codé dans mes connexions cérébrales répond à son homologue, programmé lui sur des terres rares (Scandium, Yttrium, Cérium, etc.).

Parmi les notifications, une retient davantage mon attention… consciente (ce qui signifie que j'ai probablement répondu à quelques messages vocaux sans vraiment m'y consacrer en pleine conscience). Il s'agit d'un article de Sciences & Avenir : « *Le modèle quantique du fonctionnement des neurones évalue la puissance de calcul d'un cerveau biologique à dix puissance vingt-six instructions par seconde : $10^{26}$ ips, soit 100 Yotta ips, 100 000 000 Exa ips ou 100 000 000 000 000 Gips. Les transistors actuellement développés sur notre planète vont bientôt atteindre une puissance de calcul de 100 Gips…*»

Finalement, cet article vient à point nommé. Grâce à la blessure narcissique freudienne, l'homme s'était rendu compte que son cerveau traitait automatiquement et inconsciemment un nombre faramineux d'informations par seconde. Le libre arbitre ne peut évidemment pas s'exercer sur le traitement de l'information sensorielle (visuelle, auditive, tactile, etc.) : si vos yeux vous font parvenir l'image d'un tigre courant dans votre direction, la nature ne vous a pas doté de la faculté d'arbitrer librement pour n'y voir qu'un chat et donc aucun danger ! Non, la nature est bien faite: l'information visuelle arrive directement à votre cerveau reptilien pour que vous couriez !

Sur quels types d'information peut s'exercer notre libre arbitre ? L'article de Sciences & Avenir annonce pour le cerveau une capacité de traitement de l'information très, très importante ; je me souviens néanmoins de nombres moins gigantesques: « *alors que plus de 11 millions de bits d'informations sont absorbées par nos cinq sens à chaque seconde, seuls 77 bits d'information seront restitués à notre partie consciente, une demi-seconde plus tard[11]. Le traitement et la sélection de l'information se déroulent en conséquence de façon non consciente. Notre partie consciente gère uniquement les informations que l'inconscient lui a transmises : 77 sur 11 millions...[12]*

Mais peu importe. Je comprends que, fort heureusement, ma machinerie biologique traite, par seconde, un nombre d'informations bien plus important que ce qui est porté à mon attention consciente.

Je découvrirai plus tard que Nietzsche annonçait déjà la même chose dans '*le Gai Savoir*' :

> «*Si nos actions, pensées, sentiments et mouvements parviennent - du moins en partie - à la surface de notre conscience, c'est le résultat d'une terrible nécessité qui a longtemps dominé l'homme, le plus menacé de tous les animaux: il avait besoin de secours et de protection, il avait besoin de son semblable, il était obligé de savoir dire ce besoin, de savoir se rendre intelligible; et pour tout cela, en premier*

---

[11] Cf travaux des auteurs Tor Norretranders, ou G.W.Farthing.
[12] Anne-Aël Gombert
http://www.viadeo.com/fr/groups/detaildiscussion/?containerId=002118f5rqs5ri6l&forumId=0021y5lbtan6kffx&action=messageDetail&messageId=0029ktnhxv2tobn

*lieu, il fallait qu'il eût une "conscience",, qu'il "sût" lui-même ce qui lui manquait, qu'il "sût" ce qu'il sentait, qu'il "sût" ce qu'il pensait. Car comme toute créature vivante, l'homme, je le répète, pense constamment, mais il l'ignore; la pensée qui devient consciente ne représente que la partie la plus infime, disons la plus superficielle, la plus mauvaise, de tout ce qu'il pense: car il n'y a que cette pensée qui s'exprime en paroles, c'est-à-dire en signes d'échanges, ce qui révèle l'origine même de la conscience (...).»*

Ainsi, si j'exerce encore mon libre arbitre, c'est sur des informations plus rares mais plus essentielles (je ne suivrai pas Nietzsche dans sa qualification de 'plus mauvaises'). Finalement, je ne risque pas l'infobésité – ai-je besoin de traduire ce néologisme apparu dès le début des années 1960, pour bien-sûr signifier... la surcharge informationnelle ? Non, je ne risque pas l'infobésité: la Nature nous a dotés d'une connexion téléphonique bas débit et non d'une fibre optique pour transmettre l'information pertinente au siège conscient de notre psyché.

«Ouf !», je n'ai pas l'opportunité ou le devoir de prendre des décisions toutes les deux secondes. Toutes les deux secondes, mon moi reçoit deux fois 77 bits, soit 154 bits d'information. Il suffit que la Nature nous les ait codés dans le même langage[13] que celui utilisé par nos processeurs modernes, pour que l'on comprenne que ce 'moi' conscient ne peut pas recevoir des informations riches, pertinentes, essentielles et contextuelles,

---

[13] Par exemple, l'instruction **0x6A 0x14** ou **01101010 00010100** – codée sur 16 bits - correspond à *push 0x14* : ajouter la valeur hexadécimale 0x14 , ou 20 en décimal, en haut de la pile !

sur lesquelles une décision est à prendre... toutes les deux secondes.

« Ouf », me dis-je à nouveau, bien que je comprenne que je suis en train de démontrer une forme de déchéance humaine... Non seulement je ne peux exercer mon libre arbitre que sur un fragment très partiel de toutes les informations que mon cerveau doit traiter, enregistrer et transmettre, mais en plus je ne l'exerce plus aux moments les plus essentiels pour 'moi'.

*« Qu'es-tu en train de devenir, mon ami ? Poursuis l'étude du moi; tu seras ainsi fixé...»*

Pour le déjeuner, j'avais déjà rejoint le bureau... Il est de coutume de déjeuner avec les collègues de l'équipe, sur place, pour maintenir la cohésion et évoquer des sujets plus personnels. Les choix proposés par la société en charge de la restauration d'entreprise existent, et je charge mon plateau comme à l'accoutumée : le plus équilibré et le plus végétarien qu'il me soit possible. Mais je ne considère pas cet 'arbitrage' comme tel. Ce n'est pas non plus un mème, dans le sens où je ne sélectionne pas ces produits par mimétisme, pour être 'in' et ne pas me démarquer de la 'masse'. Non, je fais ce choix parce qu'ainsi je me sens mieux, à la fois mentalement (vis-à-vis des petits gestes quotidiens en faveur de la préservation de notre écosystème), mais surtout en termes physiologiques (réduction du sucre et des protéines animales trop riches, davantage de légumes, etc.). Peut-être suis-je en train d'ergoter, mais je place le libre arbitre à un niveau supérieur sur l'échelle des décisions.

A ces mots, je décide d'imprimer la fameuse pyramide d'Abraham Maslow pour l'avoir pas trop loin de moi, durant ces vingt-quatre heures d'auto-analyse. L'origine de cette pyramide provient des travaux de Maslow, dans les années 1940, sur la motivation. C'est d'ailleurs dans un article qu'il nomme 'Une Théorie de la Motivation Humaine' qu'il y expose en 1943 sa théorie d'une «hiérarchie des besoins». Il regroupe cinq catégories de besoins qu'il hiérarchise. Selon lui, pour être motivé à rechercher une maison, il faut d'abord s'être bien nourri. Pour être motivé à se trouver des amis, il faut en premier lieu avoir soigné son rhume. Pour être motivé à être reconnu par ses pairs, il faut d'abord avoir une copine. Et pour être motivé à se former et développer des compétences, il faut d'abord que nos pairs nous aient reconnu comme compétent. Aujourd'hui, il parait évident qu'il n'est pas strictement nécessaire de répondre à un besoin pour être motivé à répondre au suivant.

J'annote dans la marge: « *est-ce qu'il faut d'abord répondre à ses besoins les plus essentiels pour pouvoir exercer son libre arbitre?*»

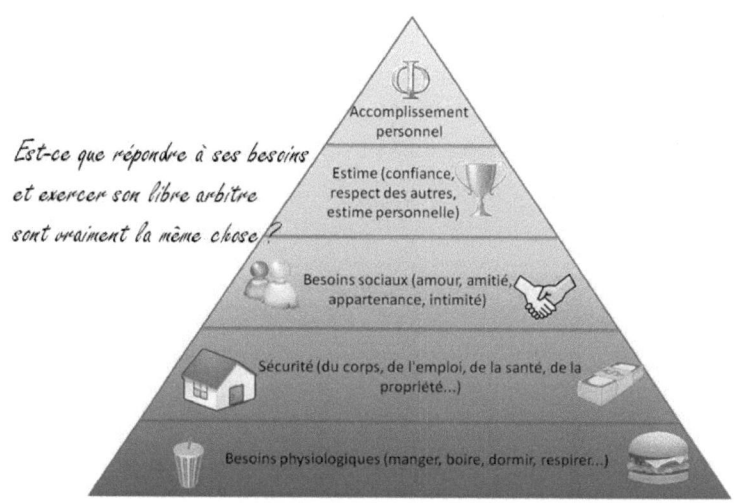

*Est-ce que répondre à ses besoins et exercer son libre arbitre sont vraiment la même chose ?*

Je poursuis avec mes activités professionnelles de l'après-midi. Les décisions à prendre dans ce cadre nécessitent évidemment toute mon attention: quelle part variable attribuer à tel collaborateur en guise d'appréciation de ses derniers résultats semestriels ? Quelle part du budget annuel peut être consacrée au renouvellement d'un équipement devenu obsolète ? Qui envoyer pour ré-alimenter en énergie une base antennaire qui ne fonctionne plus ? Est-ce que l'évolution de telle position de travail nécessite l'accord du comité hygiène, sécurité et poste de travail ? C'est le cœur même de l'activité d'un décideur : décider ! Comme l'activité essentielle d'un avocat est de plaider, celle d'un expert-comptable est de compter, celle d'un menuisier est de travailler le bois, etc. Et toute activité professionnelle fait appel à un savoir, un savoir-faire et, dans bien des cas, un savoir-être. C'est-à-dire à des **fonctions cognitives**.

Vous l'avez probablement vu par et pour vous-même, si vous vous êtes aussi observé avant de reprendre cette lecture : dans nos vies, nous traitons tous une grande quantité d'information; nous menons un très grand nombre d'activités qui nécessitent de la cognition et s'appuient sur notre «*appareil à penser*». Cette cognition a différents rôles (ou fonctions cognitives) : percevoir, prêter attention, mémoriser, raisonner, produire des mouvements, s'exprimer, etc. -. Mais surprenamment, la faculté d'arbitrer, choisir, décider n'apparaît pas dans ce type d'étude sur la cognition. Il y est dit que les fonctions exécutives recouvrent plusieurs compétences – organiser, planifier, juger, faire preuve d'abstraction, être flexible, savoir inhiber ses actions non adaptées, être auto discipliné, tenir un raisonnement cohérent, faire preuve de créativité – mais le libre arbitre semble perché ailleurs dans l'arbre des facultés humaines.

Et autant il me semble évident qu'un robot, doté du dernier cri en matière d'intelligence artificielle, finira par nous égaler et même nous dépasser dans la grande majorité de nos activités - c'est une question d'algorithmes d'apprentissage, de puissance de traitement, de parallélisation sur un grand nombre de nœuds (équivalents aux neurones) -, autant il semble plus difficile de concevoir une machine exerçant un libre arbitre.

Fichtre ! Je prétends retirer de facto la faculté de libre arbitre à une machine et son IA, alors que je n'ai pas encore identifié, en cette demi-journée, un ou deux exemples irréfutables de ma propre faculté… Il faut que je poursuive et y parvienne ; le libre arbitre n'est pas une illusion. Et c'est le propre de l'homme. J'ai dit !

A la fin de cette journée de travail, en entrant dans mon véhicule, la notification habituelle vient m'informer, toujours sur mon *téléphone intelligent*, du temps de trajet entre le bureau et mon domicile. J'ai toujours trouvé cette fonctionnalité bluffante, du reste. « *Tiens, exerçons là notre libre arbitre, mon ami !* » Plutôt que de rester dans la routine mortifère '*boulot – métro – dodo*', et puisque le trafic chargé ne me permet pas de rentrer raisonnablement rapidement chez moi, autant décider - librement - de passer un peu de temps dans une librairie, jusqu'à sa fermeture et au milieu de toutes ces vies à livre ouvert. Ceux qui me connaissent pourraient argumenter qu'il ne s'agit peut-être pas tant que cela de libre arbitre, dans la mesure où je choisis une activité divertissante et pas du tout nouvelle pour moi. Et je le leur donnerais alors un premier point : j'arbitre librement entre deux activités quasi-quotidiennes, en tout cas coutumières, et sans grand enjeu. Tiens, je tiens là, peut-être, les premiers éléments d'un distinguo entre fonctions cognitives, exécutives et automatisables d'une part et ... le libre arbitre d'autre part. Enfin, peut-être.

Une fois dans ma librairie préférée – vous en avez bien une aussi, n'est-ce pas !??! – je décide évidemment de me rendre dans le rayon 'philosophie', ce questionnement sur le propre de l'homme me taraudant depuis des heures maintenant.

J'y lis : « *le libre arbitre décrit la propriété qu'aurait la volonté humaine de se déterminer librement — ou alors arbitrairement — à agir ainsi qu'à penser, par opposition au déterminisme ou au fatalisme, qui affirment que la volonté est déterminée dans chacun de ses actes par des forces qui l'y nécessitent. Se déterminer à ou être déterminé par : tel est tout l'enjeu de l'antinomie du destin et du libre arbitre.* » Génial, me dis-je, je suis au cœur de mon sujet[14] ! Est-ce que l'homme se détermine librement à penser et à agir, ou est-ce qu'il y est déterminé, par des forces qui l'y nécessitent, des forces biologiques, sociales, politiques, culturelles ?

Je lève les yeux de l'ouvrage et commence à observer, autour de moi. Action probablement plus automatique que librement déterminée... Je remarque que c'est ma façon de prendre du recul ou de la hauteur, de réfléchir, de laisser mijoter ce que je viens de déposer dans le wok cognitif. « *Voyons, mon ami ; regarde autour de toi, regarde où tu es ! Vu tes longues années à étudier, n'était-il pas déterminé que tu sois plus attiré par une pause dans le rayon 'philosophie' que dans celui relatif aux techniques et joies de la pêche ? Vu tes origines familiales, n'était-il pas déterminé que tu 'crois' davantage dans le libre arbitre que dans la prédestination luthérienne?* » Evidemment... J'en conviens.


J'en conviens et pourtant je me sens libre, je me sais libre.

---

[14] Ce qui, soit dit en passant, est un pléonasme : 'je' est bien mon sujet !

« Si nous ne t'avons donné, Adam, ni une place déterminée, ni un aspect qui te soit propre, ni aucun don particulier, c'est afin que la place, l'aspect, les dons que toi-même aurais souhaités, tu les aies et les possèdes selon ton vœu, à ton idée. Pour les autres, leur nature définie est tenue en bride par des lois que nous avons prescrites ; toi aucune restriction ne te bride, c'est ton propre jugement, auquel je t'ai confié, qui te permettra de définir ta nature. Si je t'ai mis dans le monde en position intermédiaire, c'est pour que de là tu examines plus à ton aise tout ce qui se trouve dans le monde alentour. Si nous ne t'avons fait ni céleste ni terrestre, ni mortel ni immortel, c'est afin que, doté pour ainsi dire du pouvoir arbitral et honorifique de te modeler et de te façonner toi-même, tu te donnes la forme qui aurait eu ta préférence. » **Jean Pic de la Mirandole, De la dignité de l'Homme.**

Je comprends que ce 'libre arbitre' est en fait la contraction de l'expression «*libre arbitre de la volonté*». Evidemment, ce concept forgé par la théologie patristique latine fut développé pour préciser la responsabilité du mal, en l'imputant à la créature de Dieu. Et ceci apparaît avec clarté dans le traité *De libero arbitrio* de Saint Augustin (Augustin d'Hippone), fondé sur le dialogue d'Evodius et d'Augustin. *Evodius pose le problème en des termes abrupts : «Dieu n'est-il pas l'auteur du mal ?». Si le péché est l'œuvre des âmes et que celles-ci sont créées par Dieu, comment Dieu n'en serait-il pas, in fine, l'auteur ?* Augustin répond sans équivoque que «*Dieu a conféré à sa créature, avec le libre arbitre, la capacité de mal agir, et par-là même, la responsabilité du péché*»

Un chat fait son apparition, bondissant agilement sur l'un des présentoirs de la librairie. Puis il s'approche de moi, en ronronnant. Je ne me souviens pas avoir déjà rencontré ce chat ici. « *Et toi, minou, es-tu libre de tes mouvements, libre dans tes actions ?* » Je commence alors à le caresser sur la tête, entre ses deux oreilles. « *Vous, les chats, vous avez une absence de contrainte sociale. Vous faites ce qui vous plait, vous n'avez pas de barrière morale, votre liberté physique est liée à votre indépendance, vous ne dépendez de personne pour vivre !* » Evidemment, mon geste câlin à son égard est avant tout déterminé par les codes culturels et le mimétisme : c'est comme ça que l'on salue l'arrivée d'un chat. Mais qu'aurait pu être d'autre ma volonté de le saluer ? Tiens, voici un élément supplémentaire : le libre arbitre n'exclut pas l'utilisation de langages codifiés, culturels ou sociaux.

J'observe toujours le chat ronronnant près de moi, cherchant du museau ma main, pour obtenir d'autres caresses. « *Humm, en fait ta liberté est illusoire, minou. Tu es esclave de tes instincts, tu es programmé biologiquement pour ronronner quand tu désires quelque chose. Tu es dépendant des lois de la nature* ».

Pouvoir vouloir et ne pas être soumis à ses instincts sont les signes les plus évidents de la liberté humaine. Je ne sais pas si j'en fais bon usage, mais je me sais libre. Libre de te caresser ou de t'ignorer, libre de rester ici jusqu'à la fermeture ou de partir précipitamment, libre de saluer la libraire ou d'agir comme si je ne l'avais pas vue, libre de questionner les autres clients sur ce qu'ils pensent être le propre de l'homme ou de ne pas les importuner, libre de prévenir ma femme au sujet de mon retard ou de lui faire la surprise, libre d'utiliser le gps pour rentrer chez moi ou de me laisser guider par mon sens de l'orientation, libre d'écouter mon estomac qui crie famine et dévorer un bon repas ce soir, ou de le faire patienter jusqu'à demain, en guise de jeûne séquentiel, libre, libre, libre !

Je laisse un message à mon épouse, éteins le téléphone puis m'installe au volant : « *allez, on rentre, et tout seul !* » En conduisant, je repense à l'auto-satisfecit que je suis accordé il y a à peine dix minutes, au sujet de mes libertés. Je sens bien que je fais fausse route… Les prétendues libertés que j'ai mentionnées sont utilitaristes, matérialistes, sans envergure, sans hauteur de vue, alors qu'en fait…

En fait le libre arbitre dont il est question et qui pourrait être propre à l'homme relèverait, selon moi, d'une dimension plus éthique, plus ontologique, plus philosophique, plus essentielle. Le chat que j'ai croisé à la libraire, mon Labrador qui attend son maitre à la maison sont des êtres vivants dépendant de leurs instincts, de leur profonde nature. Incapables de la dépasser, de s'en extraire, de librement arbitrer entre sentir le derrière du canidé qui s'approche ou affecter un signe de reconnaissance plus … distingués !

Le propre de l'homme est ce libre arbitre qui l'autorise à surmonter sa propre nature, à la dépasser par la force de sa volonté. Un proverbe chinois dit que «*l'homme sage prend ses propres décisions, L'homme ignorant suit l'opinion publique.*» Mais n'est-ce pas une pensée bien orgueilleuse ?

*« Pense au sage, dont tu as fait la rencontre vers tes quarante ans. Que te disait-il ?»*

C'est vrai… Après avoir lu un livre de lui à propos de la sagesse ésotérique, vers les années 2005-2006, je l'ai contacté et il a accepté que l'on se rencontre, à Paris. Un héritier de Georges Gurdjieff, Robert Ambelain, et Hélène Blavatsky réunis… Il me disait que le libre arbitre n'est véritablement exercé qu'une vingtaine de fois dans une vie, c'est-à-dire en moyenne tous les quatre ans. En moyenne, bien-sûr.

Sur le chemin de retour après cette rencontre, j'essaie d'identifier les moments importants de ma vie où un choix a été déterminant :

- l'année de mes six ans, quand mes parents ont décidé de quitter ma ville natale pour rejoindre un village de la Sarthe ; ce fut déterminant pour ma scolarité, j'ai le souvenir d'avoir basculé dans un mode de fonctionnement empli d'une profonde confiance en moi ;

- l'année de mes douze ans, quand j'ai été subjugué par une fille de ma classe, magnétisé, aimanté; ce fut déterminant pour moi parce que, grâce à ce coup de cœur, j'étais en mesure de comprendre mes émotions, mes sentiments, cette énergie que les adultes nommaient l'amour. J'avais un *référentiel*, si je peux parler ainsi;

- en juin puis septembre 1979, quand, après avoir réussi le concours d'entrée dans un collège militaire, je suis devenu enfant de troupe ; j'avais sans le savoir remplacé l'autorité paternelle par celle de l'Armée. Remplacé les recadrages d'un père qui perdra l'usage de la parole par les ordres d'une Grande Muette. Pas besoin de vous préciser pourquoi ce fut déterminant, à moins que vous n'ayez pas lu les mémoires de Jean-Claude Brialy, d'Yvon Collin ou de quelques autres *camarades* ;

- en juin 1984, quand je rencontre celle qui deviendra la mère de mes enfants, à Angers ; ce fut évidemment un tournant dans ma vie, un changement de polarité, le '*choix*' (en était-ce un ?) d'une trajectoire de vie à deux ;

- en juin 1985, quand je réussis le concours d'entrée à l'Ecole Polytechnique, et que je deviens X; la fierté d'une famille modeste, constituée d'ouvriers et de charrons, l'impression d'avoir emprunté un ascenseur (social) et d'arriver à un étage qui nous était interdit, la confirmation que j'étais davantage un intellectuel qu'un manuel ;

- en septembre 1990, quand ma (première) femme et moi décidons d'aller vivre en Bretagne, sur la côte de granite rose, en bord de mer. C'est l'environnement que l'on veut offrir à nos futurs enfants, deux garçons qui naîtront trois et sept ans plus tard ;

- en mars 1993, quand nous avons l'opportunité d'aller vivre deux ou trois ans dans le New Jersey, aux portes de New York. Là, nous découvrons un environnement de travail et de loisirs cosmopolite, au sein duquel nous célébrons pratiquement chaque week-end un événement culturel, national ou personnel avec les membres du consortium international pour lequel nous travaillons tous. Fêtes japonaises (avec Sayo et Masaki), danoises (avec Erik et Laurence), norvégiennes, italiennes (avec Nicola et Luisa), australiennes, allemandes, américaines (avec David), britanniques (avec Martin), coréennes ;

- en mars 2000, quand je cherche à nouveau une opportunité professionnelle hors de France, que je trouve et commence un job à Lisbonne pour une entreprise dont Orange est actionnaire à 20% (Optimus); l'été suivant, la décision – prise à deux - de déménager toute la petite tribu (nous quatre et notre chienne) à Cascais, à l'ouest de Lisbonne, s'avérera un fiasco et conduira au retour de tout le monde en Bretagne pour Noël 2000 ;

- en septembre 2002, quand je décide - alors séparé de mon ex-épouse - d'accepter une nouvelle fonction au sein d'Orange, au siège à Paris ;

- en juin 2008, quand la volonté me pousse à chercher la rencontre avec cet homme, ce sage précisément,

- en novembre 2012, quand la force de ma volonté pour retrouver âme sœur s'allie à la beauté de mes sentiments pour Claire...

Je n'ai pas vu le temps passer, j'arrive déjà devant chez moi. Une place de stationnement est disponible juste à proximité. Sur le seuil de la maison, à peine la clé introduite, j'entends le Labrador japper de joie, puis j'aperçois mon épouse qui s'est levée pour m'accueillir et m'embrasser.

« *Ça va, chéri ?* »

Je rassure mon épouse, et l'embrasse tendrement. Je lui évoquerai plus tard le fruit de mes réflexions. Et les pointes de doute qui se sont immiscées.

Ce que nous faisons effectivement, après nos petits rituels de la soirée. Quand je liste à nouveau, avec elle, ce que je pense être les tournants décisifs de ma vie, j'ajoute, toujours à haute voix, que le libre arbitre de ma volonté ne me semble pas en être toujours la cause.

« *Le déménagement de mes parents, mon frère et moi, alors que j'avais 6 ans, c'est bien leur décision, pas la mienne. Le coup de foudre et la première découverte de l'amour ne sont pas liés non plus à un libre arbitrage de ma volonté. Je réussis le concours d'une grande école d'ingénieurs, parce que j'ai sérieusement travaillé (j'ai 'pougné', disait-on en 1984-1985) et peut-être parce que j'avais une prédisposition, mais pas parce que je l'aurai délibérément choisi! Je n'ai pas l'impression d'avoir eu à surmonter ma propre nature, par exemple.*

*- Surmonter ta propre nature ? Mais de quoi me parles-tu, chéri ? Le libre arbitre est une illusion. Une illusion qui vient de ce que tu as conscience de tes actions mais pas des causes qui te déterminent à agir... »*

Merci Claire... J'ai finalement compris aujourd'hui que, si je n'y prends pas garde, le libre arbitre peut être une illusion. Si par exemple je décide de me rendre désormais au travail à vélo au lieu d'emprunter ma voiture, j'aurai l'impression de décider par la seule force de ma volonté, alors qu'il n'en est rien. Dans une telle décision, compteront pour beaucoup :

- l'éducation et la culture que j'ai reçues,
- la société et le groupe social dans lequel j'ai évolué et grandi (origines, fréquentations, rencontres),
- l'information que je reçois des médias,
- les discussions que j'ai avec les gens que je côtoie,
- mon vécu, mon expérience,
- l'économie de mon foyer,
- mes prédispositions physiques, mentales et psychologiques héritées de mes ancêtres,
- etc.

Là encore, si je n'y prends pas garde, mes décisions peuvent être déterminées par un grand nombre de causes dont je ne suis pas vraiment conscient. Spinoza avait raison : j'ai conscience de mes actions (grâce aux quelques 77 bits d'information qui arrivent chaque seconde dans mon espace d'attention) mais je peux ignorer les causes qui me déterminent à agir. Quand ces causes sont ailleurs que dans le seul espace conscient ou que je dors dans ma volonté...

En fait, la volonté de l'homme est la dernière-née dans l'évolution de notre espèce. La force de la volonté est encore à son stade embryonnaire. La perception de mes activités volontaires et l'expression de mon réel libre arbitre sont fort assourdis.

Je vous invite[15] à voir ou revoir la pièce de Sacha Guitry, '*Un soir quand on est seul*' : *un personnage dialogue avec quatre femmes représentant sa Conscience, sa Mémoire, sa Fantaisie et sa Volonté. La première est près de la fenêtre à travers laquelle passe la clarté du jour. La deuxième est en robe verte, près de l'âtre, ravivant dans la chaleur de son âme les événements passés. La suivante, facétieuse imagination, est vêtue d'un costume bariolé de clown. La dernière est en robe grise, allongée, assoupie sur le divan. Le personnage aime ces quatre femmes, et en particulier la Volonté, «parce qu'en toute saison, ma chère Volonté, tu dors...»[ibid]*

Ainsi, l'attachante '*volonté*' que tout homme possède effectivement reste la plupart du temps assoupie sur le divan de sa faculté ! La Force de la volonté, qui ouvre au libre arbitre et à la liberté, est quelque chose qui se travaille et qui m'a manqué la plupart du temps. J'ai été conscient de mes actions mais j'ai pu parfois ignorer les causes qui m'y ont poussé.

---

[15] Comme le fait Pierre-Léon d'Orbais dans 'Par-delà les Sycomores...'

# Connais-tu d'apaisantes croyances ou un doute effroyable?

Je me réveille en pleine nuit. Ce rêve étrange est bien trop pénétrant: l'espèce inconnue - que j'aime et qui m'aime - m'a fait participer à l'un de ses offices... religieux. J'en ai ressenti une paix intérieure incroyable. L'amour était partout. « *Toi qui est le Bien, le Beau, le Bon, le Véridique, Salut à toi* » entends-je encore ...

Une forme d'intelligence supérieure m'enverrait-elle un message, par le biais des rêves ? J'ai l'intuition, la vision prenante que l'humanité telle qu'elle est aujourd'hui va disparaître, et me soufflerait-on que la nouvelle espèce à venir, cette belle inconnue que j'aime et qui m'aime déjà, sera spirituelle ?

J'entends André Malraux me préciser ceci : « *On m'a fait dire que le XXIe siècle sera religieux. Je n'ai jamais dit cela, bien entendu, car je n'en sais rien. Ce que je dis est plus incertain. Je n'exclus pas la possibilité d'un événement spirituel à l'échelle planétaire* ».

Merci Monsieur Malraux... Mais ce rêve, que veut-il me signifier ? Je ne réussis pas à m'endormir. Ce rêve était très pénétrant, il reste très prégnant.

Un flot d'interrogations m'immerge : *la religion est-elle une dimension constitutive de l'existence ? L'homme est-il, par nature, un animal religieux ? Le religieux est-il un phénomène suffisamment constant et universel pour définir l'homme ? Est-il propre aux seuls êtres humains ? Et surtout, avec ce phénomène, tient-on un phénomène explicatif des autres phénomènes caractéristiques de l'humain ? Le religieux est-il le lieu d'intelligibilité à partir duquel on peut comprendre l'humain ? Est-ce un phénomène suffisamment fondamental pour permettre de comprendre les conduites et les sociétés humaines ? Est-il un fait de nature ou de culture ?*[16]

---

[16] Extrait de l'excellent blog de Lenuki : http://lenuki69.over-blog.fr/article-14203269.html

Je me souviens très clairement que les auteurs de la série Westworld ont fait dire, par Dolores Abernathy, que notre cortex cingulaire antérieur est l'aire de la croyance chez les humains. Je me lève sans faire de bruit, rejoins mon bureau avec la première tasse de café de cette journée bien matinale puis je commence mes recherches :

Pour la Science, Sébastien Bohler / 13 mai 2009

*Une zone du cerveau fonctionne au ralenti quand on croit en Dieu : le cortex cingulaire antérieur. Quel est son rôle ? Cette zone cérébrale sert à anticiper l'avenir, et à nous avertir si les événements qui ont lieu correspondent à ce que nous attendions.*

*Des neurologues de l'Université de Toronto au Canada ont placé des individus, croyants ou athées, dans un scanner, et leur ont fait passer des tests mentaux où il faut anticiper une réponse, et ensuite prendre connaissance de la réponse correcte. Chez les athées, le cortex cingulaire s'active fortement en cas d'erreur : il signale que le résultat n'est pas conforme à la prédiction.*

*Chez les croyants, il s'active nettement moins. Lorsqu'un événement non conforme à leurs attentes se produit, cela déclenche une réaction moins intense que chez les autres.*

*En quoi la religion réduit-elle les réactions à l'imprévu ? Dans la plupart des systèmes de croyance, un événement non conforme aux attentes peut toujours être reconsidéré, et interprété de façon à cadrer avec le canevas théorique de la foi. Si un ami a trouvé la mort sur la route, si on vient de découvrir une maladie incurable chez un autre, c'est que Dieu l'a voulu. Et si l'on ne trouve pas d'explication, cela ne veut pas dire qu'il n'y en a pas : c'est que les desseins du Seigneur sont impénétrables.*

*Cette vision du monde apporte évidemment des bénéfices inestimables : un cortex cingulaire antérieur qui fonctionne au ralenti entraîne moins de tension psychique ; on se préoccupe moins des incertitudes qui entourent l'avenir, on cherche moins à explorer les possibles et à guetter les signes qui confirment ou infirment ses prévisions. On est plus fataliste, mais moins stressé.*

*La religion est d'ailleurs considérée par nombre de chercheurs comme un anxiolytique, qui se serait répandu dans les différentes cultures en raison de cette vertu apaisante, aidant à affronter les craintes liées à la mort, au caractère imprévisible et incontrôlable de l'existence. À condition d'y croire...*

Ah la croyance … J'avais déjà une opinion plutôt *négative* concernant la croyance, l'intuition qu'elle formatait le système de pensées du croyant, de l'adepte. Je lis maintenant qu'elle a néanmoins une vertu apaisante. « *Ainsi, on est plus fataliste, mais moins stressé* ». Je ne veux pas mettre en doute les résultats des neurologues, mais je le fais pour l'interprétation qui en est faite. Diriez-vous, Madame, Monsieur, qu'il est plus stressant d'être un individu qui philosophe et doute en permanence que d'être un individu fataliste qui ainsi s'entoure de moins d'incertitudes? Je pensais être quelqu'un sans stress, sans trop d'anxiété, mais aussi sans dogme, sans carcan philosophique, religieux ou politique. Y aurait-il là une antinomie, une impossibilité physiologique ?

« *Mon ami, soit tu es serein, apaisé, confiant parce que tu crois en Dieu ou en un système bien organisé et cohérent de pensées (comme les sciences), soit tu n'en es pas entièrement satisfait, tu doutes de la parfaite véracité de ces modèles, tu penses que la réalité est plus complexe que cela, et que l'évolution n'a d'ailleurs pas encore abouti, mais alors tu vis dans le stress, avec davantage d'anxiété à affronter et davantage d'anxiolytiques chimiques à ingurgiter … »*

Bon… c'est le moment de redescendre dans la cuisine, de se resservir ou de faire quelques exercices physiques! Mon épouse m'y rejoint, dans son plus simple et plus bel appareil[17].

*« Bonjour chéri… Dis, qu'est-ce qui t'arrive, en ce moment ? Tu es bien matinal aujourd'hui.»*

Je lui explique mon rêve étrange et pénétrant, je précise qu'il ne s'agit pas d'un rêve à propos d'une femme (contrairement au 'rêve familier' de Paul Verlaine) mais de la vision d'une espèce inconnue, nouvelle, qui est venue remplacer l'espèce humaine.

*« Ce que tu as déjà écrit et décrit dans 'L'humanité se meurt…' te poursuivrait-il ?*
*- C'est possible… Tu le sais: je suis persuadé que nos systèmes de croyance nous ont aidés aux débuts de l'humanité, mais maintenant, selon moi, ils nous restreignent, ils nous enferment, ils nous abêtissent. J'en suis persuadé, mais je n'arrive pas bien à l'expliquer, à le démontrer…*

---

[17] "Dans le plus simple appareil" désigne simplement ici le fait de ne pas avoir pris beaucoup de temps pour se préparer. Mon épouse est vêtue de sa robe de chambre !

*- Et c'est important ?*

*- Pour moi, oui... Encore mon immodestie habituelle.*

*- Et tu crois que ... »*

En commençant sa phrase, mon épouse se rend compte qu'elle utilise aussi des locutions relatives à la croyance, elle préfère ne pas poursuivre.

*« Parle-moi justement de tes croyances, chérie. »*

Nous savons tous les deux que je connais déjà les siennes et qu'elle reconnaît la quasi absence des miennes, mais l'expliciter à nouveau va peut-être m'aider. Je lui précise qu'hier j'essayais d'analyser si j'exerçais vraiment mon libre arbitre ; aujourd'hui, j'aimerais comprendre si nos actes et nos pensées sont dépendants de nos systèmes de croyance.

Nous savons aussi tous les deux que le verbe 'croire' est extrêmement versatile. *Il concerne aussi bien le café du commerce (« Crois-tu ?», «Je crois bien! », «Incroyable !») que l'engagement le plus profond, celui dont Pascal disait qu'il n'en croirait que les témoins qui se font égorger. En effet, et a priori, tout semble opposer des propositions comme croire «qu'il va pleuvoir», ou «Julien ne va plus tarder», à d'autres propositions comme «croire ce que disent les partis politiques, ou telle idéologie, ou les églises», ou «croire en Dieu».*[18]

Ce dont il est question aujourd'hui ne concerne pas, au premier chef du moins, le contenu des traditions religieuses

---

[18] Pierre Mayol, 'Qu'est-ce que croire ?' (1997)

et spirituelles, mais cette faculté ou cette fonction essentielle que possède l'homme d'anticiper ou de combler une réalité absente. Puisqu'il est impossible de prouver que l'existence de telle ou telle *réalité* clairement absente est indubitable, évidente, indiscutable, l'homme comble par des signes extérieurs ou par des pensées intérieures, qui lui donnent l'illusion de sa présence. Et ce faisant, à tort ou à raison, il se libère d'une anxiété, d'une incertitude, d'un questionnement philosophique.

Et moi, en quoi est-ce que je crois, personnellement ? Pas grand-chose, justement. Je n'ai pas besoin qu'une réalité clairement absente réapparaisse néanmoins dans mon système de pensées. A ce propos, vous connaissez probablement la fameuse réponse de Pierre-Simon Laplace, nommé membre du Sénat à sa création et publiant cinq volumes sur la *'Mécanique céleste'*, à Napoléon, qui lui fit remarquer qu'il n'y était fait nulle part mention de Dieu: « *Sire, je n'ai pas eu besoin de cette hypothèse* ».

Mon système de pensées s'est construit sous l'égide des écoles de la République, et en particulier sous celle d'une des plus prestigieuses d'entre elles. J'y ai appris à raisonner, à conceptualiser, à démontrer, à expérimenter, à philosopher, à argumenter. J'ai appris à utiliser des hypothèses, pas des croyances; des axiomes, pas des *vérités révélées*.

Il y a quelques années, j'ai lu un article[19] qui m'a beaucoup éclairé et que je pense être juste :

*Foi et Croyance*

*Étymologiquement, le mot foi nous vient du mot latin fides n'ayant aucune connotation religieuse et qui lui-même est rattaché à la racine indo-européenne bheidh, exprimant la notion de confiance et de persuasion.*

*La croyance est souvent confondue avec la foi, toutes deux associées à tort à quelque chose de fondamentalement religieux. En faire la distinction nous amène à une plus grande compréhension de notre manière de fonctionner.*

***Les croyances rassurent.*** *Tout notre parcours terrestre est jalonné d'autant de croyances personnelles que de croyances populaires. Nous passons notre vie à nous conditionner de croyances dans le seul but de nous rassurer. La croyance est intimement rattachée au mental qui a besoin de se conforter dans son activité incessante. Et lorsqu'une croyance est adoptée par une population entière, on l'assimile à une vérité absolue, acquise. Mais au fond de chacun, le germe du doute subsiste et ronge l'édifice qui finit tôt ou tard par s'effondrer comme un château de cartes. Ainsi fonctionne notre société qui se plaît à évoluer dans le monde virtuel des croyances.*

*La liste est longue. Mais la croyance n'a rien d'authentique, elle est dogmatique. Elle est le fruit des civilisations et de notre mental qui dans la peur tente de s'apaiser en adhérant à tous*

_____

[19] Publié le 1er janvier 2009 par André Baechler

*les principes qui peuvent le rassurer : Je ne réussirai pas dans ma vie si je n'étudie pas, la souffrance est un passage obligé, je n'ai pas le droit d'être heureux, je ne le mérite pas, jamais je n'y arriverai, si je ne dors pas huit heures par nuit je serai fatigué, ...*

*Comme chaque croyance est accompagnée de son cortège de peurs, nous les enchaînons sans fin pour pallier aux précédentes. Nous pourrions en remplir des pages entières et en rajouter à la liste chaque jour. Il n'est pas difficile de comprendre comment tant de limitations et de conditionnements sabotent toute espérance de bonheur.*

***La tête croit, le coeur sait.*** *Ainsi dominés par notre mental, nous en oublions le voisin du dessous: notre coeur! Lui ne peut croire en rien, il ne peut que vivre ce qui l'habite. Lorsque vous croyez, vous n'êtes jamais dans le coeur. Croire en Dieu ne nous connecte pas à notre coeur, mais juste à nos peurs et nos doutes. Croire est purement cérébral.*

*On ne peut croire qu'en quelque chose d'incertain, car lorsque l'on est certain, on ne croit plus,* ***on sait****. Je ne dis pas : « Je crois que je respire », mais bien « Je sais que je respire« . Personne ne pourra jamais nous faire douter sur ce point. Et là, il n'est plus question de croyance, mais de* ***foi****.*

C'était exactement ça ! Soit je sais, soit je ne sais pas. Mais si je ne sais pas, je n'ai pas besoin de croire ; les hypothèses, les théories me suffisent.

*« Je n'y comprends pas grand-chose mais une théorie, c'est un peu comme un système de croyances, non ? Ça vient combler une réalité absente.*
*-Oui et non... Une théorie, en sciences physiques par exemple, s'appuie sur un formalisme mathématique pour tenter de*

*décrire la réalité puis se confronter à l'expérimentation ou à l'observation. Il n'y a aucun doute sur la réalité et sur la présence des trous noirs, ou sur celle de particules chargées, à l'origine de l'électricité. Cette réalité n'est pas absente.*
*- Tu t'intéresses davantage au 'comment' qu'au 'pourquoi', peut-être... »*

Bon point, chérie ... Et ai-je alors aussi besoin des croyances, pour obtenir des réponses aux 'pourquoi' ? Humm... Je ne crois pourtant pas 'à' la théorie du Big Bang, je sais simplement que c'est la meilleure hypothèse actuelle ou la meilleure théorie qui puisse décrire le début de notre univers. Je ne crois pas 'à' la théorie du hasard de la physique quantique, c'est simplement la meilleure façon actuellement de décrire l'effondrement du comportement quantique de nos minuscules composants.

La différence entre croyances et théories tient peut-être aux degrés d'incertitude que l'on est prêt à accepter, ou à supporter.

*« Et toi chérie, qu'en est-il de tes croyances?*
*- Je crains que l'on va manquer de temps ; tu as vu l'heure aussi, je pense. Je vais essayer d'y réfléchir dans la journée. De prime abord, et sans mauvais jeu de mots, je 'crois' dans la rationalité avant tout... A ce soir, chéri. Bonne journée.»*

C'est évidemment un clin d'œil. Je l'ai dit, nous savons tous les deux qu'il y a croire et croire ! Le *'croire'* qui signifie *'penser comme vrai'* et le *'croire'* qui signifie *'c'est absent, c'est indémontrable mais assurément c'est réel.'* Penser comme vrai ou penser comme réel? Allez, je vais au bureau ; sinon je 'crois' que je vais aussi en retard...

Une fois prêt et coiffé, je ferme la porte principale, monte dans mon véhicule puis le fait démarrer. Depuis hier, l'utilisation du GPS n'est plus un geste automatique, mais réfléchi. Et aujourd'hui, je préfère l'activer pour consacrer quelques moments d'inattention de conducteur à quelques moments de réflexion philosophique. Dis autrement, je 'crois' dans mes aptitudes inconscientes à contrôler cet engin !

*« Souviens-toi, l'ami : tu te demandais si la disparition de l'espèce humaine pouvait venir de ses systèmes de croyance trop fermés, trop figés, pas assez vivants».* C'est vrai, merci Jiminy Cricket ! Mon interrogation de ce matin était de savoir si nous risquions de disparaître par manque de résilience cognitive ou culturelle ? Et le rêve de cette nuit m'a laissé l'image d'une espèce ou d'une civilisation plus sereine, plus spirituelle, plus aimante.

Est-ce que les systèmes de croyance que l'homme s'est construit sont dangereux, capables de nous nuire, dans le sens où ils auraient entamé notre capacité collective à surmonter les très grandes difficultés de la vie à venir (comme un grand traumatisme sociétal, une grande pauvreté mondiale, une pandémie grave) ?

Je demande consciemment, librement, à mon unité de contrôle inconsciente – celle qui traite des millions et des millions de bits d'information par seconde – de faire prendre au véhicule la sortie vers l'aire de repos puis de la stationner. Le moment est trop grave, pour faire prendre le risque à mon micro-processeur multi-corps UnTel de 'bugger' sur cette question ontologique!

« *Jiminy, tu peux répéter STP ce que je viens d'élaborer?*
*- Bien-sûr l'ami : est-ce que les systèmes de croyance que l'homme s'est construit sont capables de vous nuire, dans le sens où ils auraient déjà entamé votre capacité collective à surmonter les très grandes difficultés de la vie à venir ? En gros, est-ce que vos différentes cultures vous rendent résilientes collectivement face à une adversité mondiale, ou pas?*
*- Et tu en penses quoi ?*
*- L'humanité ne sera pas résiliente, voyons ! Souviens-toi ce qui s'est passé pendant le Grand Confinement de 2020 !* »

**Apaisantes croyances sur le plan individuel**: le gentil cortex cingulaire antérieur informe chacun de nous que les événements qui ont lieu dans notre psyché correspondent à ce que nous attendions. **Mais terrible fléau** sur le plan collectif, mondial, et **pour la survie de l'espèce** : les sept milliards de cortex cingulaires antérieurs recherchent uniquement leur maximum local, aucunement le maximum de toute l'espèce !

Je suis dévasté, effondré, à mille lieux sous terre. Est-ce que je 'vois' juste ? Est-ce que ma pensée est sage ? Est-ce que je 'crois' cette pensée vraie ou est-ce que je la 'sais' vraie? Réellement vraie ? Impossible de repartir, d'aller au bureau et de prendre le travail sereinement. Je ne cherche pas comprendre si ce rêve reste le fruit de mon imagination ou s'il est prémonitoire, mais il m'a chamboulé.

Sous le choc, j'entends résonner les paroles du Lama Mingyar Dondup : «A *chacun selon sa foi, à chacun selon ses besoins. La pompe des cérémonies religieuses est, pour beaucoup, une consolation, et nous ne devons pas condamner ceux qui n'ont pas encore assez avancé sur la Voie et qui ne sont pas encore capables de se tenir debout sans béquilles.* »

Merci maître; loin de moi l'idée même de condamner les milliards de petites personnes que nous sommes. Mais ces milliards de béquilles – certaines en croix, d'autres en forme de croissant avec une étoile, d'autres à sept branches comme le Menorah, des béquilles en roues du Dharma, etc. – ces béquilles qui nous aident à tenir debout pourraient nous coûter très, très cher: la disparition de l'espèce toute entière.


Sur l'aire de repos, je décide de rejoindre l'espace dédié aux services. J'y reprends un café puis le sirote en déambulant devant le présentoir des livres, évidemment. Le nom de

Fernando Pessoa attire tout de suite mon attention. Que vient faire une référence au grand poète portugais dans une aire de service française ? C'est une de ses citations concernant la religion qui intéresse l'auteur sur lequel je suis tombé : « *l'humanité est [restée] païenne, jamais aucune religion ne l'a [vraiment] pénétrée. Le pouvoir de croire à la survie de l'âme n'est même pas dans l'âme de l'homme ordinaire. L'homme est un animal qui s'éveille sans savoir ni où ni pourquoi.* »

Si c'est vrai, c'est encore pire, Monsieur Pessoa. Serions-nous en train de dire que la pompe des cérémonies religieuses est une consolation nécessaire pour une énorme majorité d'entre nous, qu'il nous faut cette béquille pour tenir davantage debout, pour espérer croire en un avenir meilleur, mais que cette béquille n'est pas suffisante? Parce qu'au final la grande majorité d'entre nous, l'humanité donc, est restée païenne ?

Si l'humanité toute entière doit traverser une épreuve encore plus dramatique que celle de 2020, il est possible qu'elle n'y survive pas, parce que ses systèmes de croyance, en ayant fait naître le radicalisme, l'intégrisme et l'intolérance, l'auront foncièrement affaiblie. Pour autant, ces idéologies n'alimentent que quelques-uns parmi nous; l'énorme majorité est restée païenne, agnostique, neutre, sans avis. L'humanité pourrait disparaître à cause d'une guerre idéologique, alors que les idoles et les idées devant lesquelles quelques-uns d'entre nous se prosternent sont de faux dieux[20]… ou de fausses ('fake') news.

A la pensée de Pessoa « *L'homme est un animal qui s'éveille sans savoir ni où ni pourquoi* », je rajoute «*et qui pourrait tuer son semblable sans vraiment savoir pour qui ni pourquoi*».

Mon téléphone se met à vibrer et je pense savoir pourquoi, étant donné l'heure avancée de la matinée. J'exerce mon libre arbitre, et décide de ne pas répondre. Pour dire quoi ? Je sais que je suis en retard et je n'ai pas envie de mentir. De toute façon je n'ai plus le cœur à me rendre au bureau. Je m'assieds sur un coin de chaise, dans l'espace 'restauration', et écris à propos de mes péripéties de la matinée. Je 'crois' – c'est-à-dire: je pense comme vrai – que j'ai reçu assez d'adrénaline pour le reste de la journée !

Finalement, si l'homme a pu être un animal religieux à ses débuts, s'il a pu croire en un Dieu du feu (appelé Héphaïstos et Vulcain par la suite) qui lui a apporté chaleur et pouvoir, ou s'il a pu croire en une Déesse de la moisson et des saisons capable de lui assurer de bonnes récoltes, il a perdu sa foi au fil des siècles ou il a préféré rester païen quand le monothéisme a voulu couper les têtes polythéistes.

---

[20] Dans l'Ancien Testament, les prophètes ont souvent mis en garde le peuple d'Israël contre les « faux dieux », ceux qu'ils appelaient les « idoles ».

Nos 'leaders' – prêtres, chefs de tribu, chefs religieux, chefs de gouvernement - ont peut-être été dupés : les hommes et les femmes de la masse leur ont peut-être fait 'croire' qu'ils acceptaient de se prosterner devant leurs idoles ou leurs faux dieux, alors qu'ils simulaient ou dédiaient leurs pensées et 'prières' à leurs proches, à leurs récoltes, à l'entraide, à l'altruisme.

Et si nos systèmes de pensée s'étaient renforcés au fil des siècles, s'ils s'étaient enrichis de la diversité des points de vue et des cultures ?

Et si les idéologies, avec leurs dimensions cognitives (*C'est ainsi, ainsi soit-il !),* morales (C'est bien; c'est mal) ou normatives (Il faut ; on doit), n'engageaient et n'enfermaient que ceux qui les ont conçues ?

Alors l'humanité serait bien plus résiliente face à une catastrophe idéologique qu'il n'y parait !

Et le 'croire' aurait graduellement basculé du 'penser comme réel' au 'penser comme vrai'.

C'est-à-dire à une forme de sagesse de la pensée...

## Préfères-tu la bêtise naturelle ou l'intelligence artificielle?

Quelle affreuse musique à mon réveil, ce matin : de la musique electro aux accents house, ou quelque chose du genre. Et pourquoi *sonne*-t-elle aussi tôt, alors que j'ai la franche impression de n'avoir pas du tout fini un dernier cycle de sommeil ? Ah oui, c'est vrai, je me souviens maintenant: j'ai eu hier soir la bêtise, naturelle, de confier mon réveil à une intelligence artificielle. *Sleep as Android*, ça s'appelle: *'le*

*réveil intelligent qui analyse votre sommeil'*. J'ouvre les yeux, regarde l'écran éclairé par cette lumière artificielle légèrement bleutée, dont on dit qu'elle fait perdre une heure de sommeil. L'application affiche trois cycles de sommeil, dont le dernier s'est effectivement terminé il y a 3 minutes. Le problème est qu'il est 6h30 du matin. Par contre, mon épouse n'a pas bougé d'un pouce ; c'est normal, elle dort avec des protections auditives en cire – des boules Quies®! - dans les deux oreilles.

Je me redresse légèrement dans le lit conjugal, pour examiner la durée de mon dernier sommeil paradoxal : vingt minutes. Est-ce que des images vont me revenir ? Suis-je enfin libéré de ce rêve étrange concernant une nouvelle espèce remplaçant l'humanité? Les images qui me viennent sont celles de l'épisode de Westworld saison 3 que l'on a regardé hier soir: les hôtes – les robots du parc – ont maintenant des organes, ils boivent et mangent, et l'entreprise Delos est capable de les plonger dans une réalité totalement artificielle, à la Matrix.

Mon regard a complètement décroché de l'application, pour me permettre de 'revivre' cette séquence dans laquelle un cadre de Delos exprime ses sentiments pour une des hôtes qui a survécu... Une petite voix poursuit :

*D'une femme inconnue, et que j'aime, et qui m'aime*
*Et qui n'est, chaque fois, ni tout à fait la même*
*Ni tout à fait une autre, et m'aime et me comprend.*

Bon sang ! Ce ne sont pas les images d'hier soir mais bien celles de mon rêve. J'ai pris la place du personnage directeur de la narration. Et le visage de Maeve Millay (l'hôte robot) est un mélange de celui de l'actrice (Thandie Newton), de Scarlett Johansson dans 'Lucy' et de je ne sais pas qui d'autre.

Sapristi! Ce rêve me devient aussi familier qu'à Paul Verlaine, il ne me quitte plus. L'espèce inconnue, *que j'aime et qui m'aime* s'est à nouveau insérée dans mes narrations oniriques. Sous les traits de la beauté et de l'intelligence, même artificielles.

Je quitte le lit en évitant tout grand mouvement, puis rejoins le salon, le dernier repère de l'espace-temps où j'étais bien moi, aux côtés de ma ravissante épouse, et non pas Lee Sizemore faisant la cour à Maeve. Voyons, réfléchissons : quel est le message, cette fois ? Ne sont-ce pas à nouveau des extraits de mon ouvrage précédent qui me jouent des tours ? Je saisis le bloc-notes dans lequel j'ai commencé à tout consigner et je me relis.

Je sais que l'Intelligence Artificielle - l'IA - va révolutionner le monde. D'ailleurs ça a déjà commencé: nos ordinateurs, nos téléphones, nos voitures en regorgent... Mais comme ça nous simplifie la vie, personne ne dit rien. Ou plutôt personne ne pense à l'impact possible à long terme, personne ne veut 'croire' en la possibilité d'une science-fiction se faisant réelle. 'Black Mirror', 'Matrix', 'Westworld' et consort semblent distants de nous, dans l'espace et le temps.

Pourtant, les données sont déjà captées en masse, les algorithmes tournent déjà à la vitesse de la lumière, nos objets sont de plus en plus connectés, la crypto-monnaie commence à remplacer la monnaie scripturale... Nous nous dirigeons vers un monde calculé, modélisé, automatisé dans lequel l'emploi va être radicalement transformé, voire inexistant... Quelle sera la place de l'homme dans un monde rempli d'IA? Allons-nous tous devenir des intermittents du spectacle comme le prédit Bernard Steigler dans son livre *'L'emploi est mort! Vive le travail!'* ? Ou allons-nous devoir devenir plus intelligent et plus transversal que l'IA ?

La nouvelle espèce sera-t-elle numérique, robotique, bionique, informatique, écologique, mimétique? Nous laissant derrière, faméliques, pathologiques, folkloriques, anecdotiques, cadavériques, opéra-comiques ?

Nous savons tous que c'est un des sujets les plus sérieux sur lequel doivent se pencher nos plus éminents chercheurs anthropologues, sociologues, philosophes, psychologues... Si l'on observe l'évolution drastique de la technologie ces dix dernières années, un constat devient évident: nous serons très vite obsolètes face à cette intelligence artificielle déployée partout.

Je me rends dans la cuisine, et prépare le café du matin. « *OK Gogol, mets moi France Inter* » notifié-je à notre assistant vocal. D'habitude, je lui demande aussi de me lire l'agenda de la journée, mais le sujet du jour – le remplacement par l'intelligence artificielle ? – ne m'y invite plus trop. Dans quelle proportion fais-je aussi appel à l'intelligence artificielle ? Est-ce que je suis aussi en train de perdre en cognition ?

En écoutant les nouvelles, je retrouve force et vigueur ! Je m'aperçois que la réponse est là, devant moi; elle est simple, évidente, inéluctable: la Bêtise Naturelle ou BN (comme la surnomme le chroniqueur[21]). Oui, la BN va contrebalance l'IA. Et le chroniqueur y croit dur comme fer. L'IA n'est pas prête de la détrôner, la BN ! *Les raisons sont multiples et les preuves accablantes. D'abord l'IA a à peine 70 ans alors que la BN a plus de 30 millions d'années de savoir-faire. Pour fonctionner l'IA a besoin de puissance de calcul, d'algorithmes puissant et de beaucoup de données. La BN, elle, a besoin de presque rien. Et d'ailleurs, moins elle a de données, mieux elle fonctionne, c'est là sa force. Son carburant, c'est le néant et l'ignorance.* Mais ce qu'il aime le plus dans la BN, c'est qu'elle nous fait tout le temps prendre des décisions stupides mais tellement inattendues. *C'est cette spontanéité, cette éloquence dans des choix plus débiles les uns que les autres qui en font son charme. Le jour où l'IA aura gagné, il en sera fini des jeux télévisés demeurés et de cette diarrhée de téléréalité consternante qui nous abrutit dès la sortie du boulot. Finies aussi les bonnes vieilles incivilités bien de chez nous, sur la route... Terminés ces affreux réseaux anti-sociaux qui polluent le net et qui poussent nos ados à la dépression*

---

[21] Quelques extraits d'une réflexion de Francis Dumas
https://www.rhinfo.com/thematiques/developpement-professionnel/la-betise-naturelle

*parce qu'ils ont raté un selfie!* **La bêtise naturelle est plus résiliente qu'on ne le croit** !

Je l'écoute avec délectation, me disant que l'on devrait passer sa chronique en boucle et sans ordonnance ! Il a raison : que deviendra ce monde avec l'IA ? Un monde parfait, aseptisé, où tous les petits soucis de la vie quotidienne auront disparu?

*Non, la BN est beaucoup plus résiliente qu'on ne le croit, poursuit-il sur les ondes. Tiens, l'autre matin, j'ai entendu à la radio qu'un pauvre bougre s'était tué en 'vélo-fusée'! Le type avait accroché deux fusées à poudre sur son porte bagage. Le Poulidor à réaction s'est fait liquéfier sur un mur à plus de 300km/h. Il est parti dans l'autre monde en post-combustion. A priori ce n'est pas pour rien que les fusées sont plutôt dédiées aux voyages spatiaux, non ? Aux endroits où il n'y a pas trop d'obstacles ! Et comble de l'histoire, la semaine dernière, j'assistais à une petite conférence dans laquelle il était expliqué en introduction la loi de Moore (le fait qu'en gros tous les 18 mois la puissance de calcul des ordinateurs est multipliée par 2). Eh bien, y'a un gars qui se lève et qui dit: «Mais, je n'comprends pas: si ça double tous les 18 mois, c'est que tous les 9 mois ça double de la moitié. Donc, en fait ça ne bouge pas!» Là je suis resté bouche bée et personne n'a voulu entrer dans les explications de proportions et de règles de trois. Je sentais bien qu'il allait s'enfoncer encore plus. En tout cas ces histoires montrent bien que l'IA n'est pas prête de gagner. On n'efface pas des siècles de laisser-aller acharnés dans la bêtise en tout genre comme ça ! Et puis, quand on y réfléchit, l'inverse de l'IA, c'est la BN. Et comme disait Coluche, l'inverse d'une connerie c'est une autre connerie ! Alors quand on y est, on y reste ! Y'a de l'espoir… »*

J'en rie encore, quand Claire descend et me rejoint dans la cuisine. Ce qui la fait sourire, elle, ce sont ces réveils matinaux qui m'amènent à préparer le petit-déjeuner pour nous deux ! A sa demande, je lui en explique la raison d'aujourd'hui : bêtise naturelle ou intelligence artificielle ? Est-ce que l'IA va nous pousser dehors, nous remplacer, nous botter en touche ? Du Westworld saison 2020…

…

*« Et si ce n'était pas exactement la bonne question ?* avance-t-elle après quelques secondes de réflexion, d'émergence ou de dégustation caféinée. *Et si nous devions plutôt comparer la bêtise artificielle et l'intelligence naturelle ? Si tant est que l'on reste dans le mode de pensée binaire : le bien ou le mal, le blanc ou le noir, la bêtise ou l'intelligence, …*

*- Bien vu, chérie! Je peux effectivement considérer que je sous-traite aux robots et à leur grande puissance de calcul les activités qui me rebutent, qui ont peu de valeur ajoutée ou qui nécessite un bête et froid calcul. Et je me réserve celles qui nécessitent davantage d'intelligence émotionnelle, de stratégie ou d'intuition.*

*- Par exemple ! Je n'ai pas besoin de savoir calculer l'itinéraire optimal pour aller d'un point A à un point B, je le laisse à une machine. Et ce faisant, ça me permet de vivre une expérience de déplacement plus agréable, moins stressante.*

- J'entends bien. Ce que je crains néanmoins avec ce mode de vie, s'il se généralise, c'est une perte de vocabulaire, une limitation de l'expression verbale ...

- ... et donc une limitation de ton monde. Tu nous cites souvent Ludwig Wittgenstein ces derniers temps !

- Bah, c'est le risque, non ? Je ne chercherai plus à m'orienter et à découvrir nos belles villes, j'utiliserai Waze. Je ne chercherai plus à comprendre le mécanisme des anticyclones et des dépressions, j'utiliserai l'appli météo. Je ne cherche déjà plus à apprendre les subtilités d'une langue étrangère, j'utilise Linguee, etc. La liste est longue...

- Et tu penses que notre système de pensées pourrait en pâtir ? Tu crains que nue nous ne sachions plus raisonner, articuler une réflexion ? Que nous devenions de bêtes utilisateurs ou consommateurs de l'intelligence des machines ? »

Et oui...

Je lui rappelle alors la crainte du linguiste Alain Bentolila : "le vocabulaire va se rétrécir ». Si la majorité des Français peut encore compter sur un lexique de 5 000 mots, selon lui, 10% n'en maîtriserait qu'environ 500 à l'aube de 2020. Lacune paralysante si ce pourcentage croissait...

« Oui, je crains que plus nous utiliserons les apps, consommerons des videos youtube et réduirons (voire délaisserons) la lecture, plus nous perdrons en maîtrise des *mots, et plus le monde tel que nous le concevons, intérieurement, se limitera.*

*-Si c'était exact, en quoi serait-ce dangereux ? Je ne te suis pas ... »*

J'essaie de structurer les pensées, alertes, idées ou intuitions de ces deux derniers jours... L'homme descend de l'arbre, comme les grands singes ; notre cerveau reptilien de chasseur-cueilleur n'a pas diminué d'une once de cacahuètes ; certaines de nos pensées automatiques, émotions et comportements peuvent remonter à cet espace-temps où il fallait craindre le prédateur, où les poils se hérissaient pour se faire plus gros que le yak au Tibet ou le bison en Amérique; nous nous désignons comme l'espèce la plus évoluée, l'espèce supérieure qui contrôle et dirige le monde, alors que nous ne contrôlons pas forcément notre propre psyché.

Etre conscient de 77 petits bouts d'information par seconde sur plus de 11 millions reçus et traités par seconde par la machine cérébrale et s'ériger en tour de contrôle, c'est comme ...

C'est comme resté éveillé 77 secondes (1 minutes et 17 secondes) devant un très, très long film de 4 mois (10 368 000 secondes), et annoncer qu'on l'a totalement compris, maitrisé.

C'est penser que notre volonté est libre et indépendante alors que nous prenons la majorité, si ce n'est la totalité, de nos décisions à partir d'un ensemble fini et contraint de données:

ce que j'ai mémorisé lors de mon éducation militaire et laïque, le mode de raisonnement logique, mathématique ou cartésien, l'observation du comportement de mes parents, le code civil, les textes de loi de mon pays, l'information reçue des médias, mes expériences réussies, mes échecs, les ressources à ma disposition, la gestion de mes émotions qui m'est bien particulière, mes prédispositions à rechercher le consensus plutôt que le conflit, etc. etc.

*« Non seulement je n'ai vu, du très, très, très long film, qu'une séquence de 77 secondes mais l'avis que je peux en avoir dépend foncièrement de ma culture cinématographique, de ma sensibilité, de ma propre expérience de vie (ma narration)...*

*-Et enfin,* propose-t-elle de conclure, *tu manques peut-être et de plus en plus de vocabulaire pour exprimer ton avis, voire tu préfères consommer le service d'une intelligence artificielle qui va te donner les avis de tes trois influenceurs préférés...*

*- Absolument ! Ce qui fait que mon expérience du film est partielle, partiale, particulière... Subjective.*

Finalement, nous nous préparons pour entamer une journée de travail. Avec, tous les deux, le sentiment d'une grande supercherie ou d'un grand mensonge : nous agissons toutes et tous comme si *nous maîtrisions notre destin, comme si nous étions le capitaine de notre âme* (les paroles de Nelson Mandela me reviennent, associées à la voix de Morgan Freeman dans *Invictus*). Mais il en est peut-être tout autrement. En tout cas, pour ce qui est de la maîtrise de notre destin. Et ce grand mensonge pourrait prendre des proportions bien plus grandes encore avec l'avènement de l'IA, des apps et des données collectées à tout-va.

A la pause-déjeuner, je décline l'invitation de l'équipe à nous rendre ensemble au restaurant d'entreprise, pour rester seul cette fois. Je prendrai peut-être un casse-croûte plus tard. Mon idée est d'essayer de retranscrire dans des algorithmes mes décisions d'action, mise en mouvement ou pensées de la journée.

J'entends Claire (et donc vous aussi, probablement!) me demander ce qu'est un algorithme. C'est simple: un algorithme est une suite d'instructions ordonnées qui a pour but de trouver un résultat à partir de données connues. Et si vous voulez pouvoir faire un algorithme qui fonctionne, vous devez bien connaitre deux outils principaux:
- qu'est-ce qu'une *variable* ? Et quels sont les types de *variables* possibles ?
- quels types d'*instructions* peut-on utiliser pour ordonner les instructions ?

Un exemple de variable est la température extérieure, que je vais noter T. Et la seconde variable que j'ajouterai pour mon exemple est la pluviométrie p; pour faire simple, 'il pleut' sera codé (p = 1) ; 'il ne pleut pas assez ou pas du tout' sera codé (p = 0). Et une des trois instructions que l'on utilise souvent en algorithmique est la condition 'Si/Alors/Sinon'. Voici alors un premier algorithme qui, je pense, s'applique totalement à moi :    Soit la variable T variant de -10 à +40        /# la température

```
Soit la variable p valant 0 ou 1              /# la pluie
Si (T > 20) et (p = 0)
Alors 'je me déplace en moto'
Sinon 'je me déplacerai en voiture ou transport en commun'
```

Si vous avez compris comme je l'espère, j'ai ici retranscrit un exemple de fonctionnement de mon cerveau (*je ne sors et ne me déplace en moto que si la température est agréable et s'il ne pleut pas*) en un simple algorithme et 5 lignes de code.

Une sentence, encore entendue dans un épisode de la série Westworld, me turlupine : « *La vérité c'est que l'homme n'est qu'un bref* algorithme – *10 247* lignes. »

En une petite heure, je réussis à traduire une petite partie de mon fonctionnement quotidien en une vingtaine d'algorithmes, et déjà 100 lignes de code. Je dois m'arrêter, et me restaurer un peu avant d'entamer la seconde moitié de ma journée de travail.

« *Les humains sont incapables de changer. Le mieux qu'ils puissent faire, c'est vivre avec leurs codes. Un être humain est un algorithme simple."* Le système Logan vient d'expliquer à Dolores et Bernard pourquoi le rêve d'immortalité des hommes leur reste hors de portée. La greffe entre le corps d'un androïde et la conscience humaine copiée ne prend pas, comme nous le montrait si brillamment l'épisode "The Riddle of the Sphinx" avec James Delos, tout simplement parce que le code des* *hommes a un défaut, une malfaçon qui l'empêche d'évoluer.*

Et si Jonathan Nolan *et* Lisa Joy, les auteurs de la série, ne se trompaient pas tant que ça ? Peu importe le nombre exact de lignes de code traduisant une partie du comportement humain, est-ce que nous pourrions approcher de l'intelligence humaine ainsi? En programmant des algorithmes?

Claire avait peut-être (encore !) raison en me demandant si je restai dans un mode de pensée binaire (vrai ou faux, naturel ou artificiel, bon ou mauvais, de droite ou de gauche, etc.). Ça ne sert pas à grand-chose de comparer bêtise naturelle (BN) et intelligence artificielle (IA), ou bêtise artificielle et intelligence naturelle, si ...

Les mots de ma pensée restent bloqués derrière le rideau, parmi les 11 millions d'information par seconde que *je* ne traite pas consciemment, que l'inconscient ne pousse pas dans l'espace de travail conscient, sous les feux de la rampe. Cet inconscient semble *avoir deviné* que cette pensée est trop brutale pour mon fragile ego, qu'elle pourrait *me* dévaster, *m'*anéantir.

« *Voyons, l'ami,* me dis-je alors, en faisant écho à la petite voix intérieure qui m'a souvent interpelé ces derniers jours. *J'ai lu Freud et je suis né durant la seconde moitié du XXème siècle, bien après les blessures narcissiques infligées à l'homme. Je ne suis pas né de la dernière pluie! Et tu n'es pas sans savoir que j'ai été initié pour apprendre justement à mourir... »*

Le rideau semble se lever, la réalité derrière le voile pointe son nez, la pensée se reforme et vient jusqu'à mon espace conscient, toute hésitante : *«Ça ne sert pas à grand-chose de comparer bêtise naturelle (BN) et intelligence artificielle (IA), ou l'inverse, si les deux – l'être vivant et le robot, le naturel et l'artefact – sont à base d'algorithmes s'exécutant sur des substrats.»*

Me voilà fixé! Et si c'est avéré –ce le sera peut-être grâce aux travaux des scientifiques cherchant à modéliser la conscience – si c'est avéré donc, l'intelligence artificielle n'aura pas plus d'avantage sur l'intelligence humaine que l'inverse. La capacité de calcul du cerveau biologique reste phénoménale, avec ses onze millions de bits par seconde.

Les causes de la disparition de l'espèce et de son remplacement par une espèce nouvelle ne sont pas à chercher dans la pale bêtise humaine en regard de l'outrecuidante intelligence artificielle !

Ainsi, je me couche le soir, avec moins d'appréhension. Finalement, mon intuition n'en était peut-être pas une. Juste un mauvais rêve récurrent.

| Tu n'as rien fait de grand sans émotion. |
| --- |

...

*Car elle me comprend, et mon cœur transparent*
*Pour elle seule, hélas ! Cesse d'être un problème*
*Pour elle seule, et les moiteurs de mon front blême,*
*Elle seule les sait rafraîchir, en pleurant.*

...

*Paul Verlaine*

Je me réveille en pleine nuit, le front blême, les mains moites. La belle inconnue, dont je n'ai toujours pas pu observer le visage, n'a rien rafraîchi de ses pleurs. Si pour elle, mon cœur cesse d'être un problème, il l'est pour moi, en cet instant. Que se passe-t-il, bon sang ? Pourquoi cette quatrième nuit chahutée par le même songe d'une espèce inconnue qui m'aime et que j'aime ?

Je ressens encore cette même émotion qui m'a mis en mouvement (*e-movere* en latin, bouge!), alors que je dormais. Je la ressens tout en restant égal à moi-même, avec mon habituelle inaptitude à la gérer. Je sais, il faudrait la nommer, l'accepter puis l'exprimer, mais j'en suis si souvent incapable, restant au pied du mur d'escalade.

*« Voyons, essaie de te rappeler… Pense au film Vice-Versa, je te redonne le début du synopsis : 'au Quartier Général, le centre de contrôle situé dans la tête de la petite Riley, 11 ans,* **cinq Émotions** *sont au travail. À leur tête,* **Joie,** *débordante d'optimisme et de bonne humeur, veille à ce que Riley soit heureuse.* **Peur** *se charge de la sécurité,* **Colère** *s'assure que la justice règne, et* **Dégoût** *empêche Riley de se faire empoisonner la vie – au sens propre comme au figuré. Quant à* **Tristesse,** *elle n'est pas très sûre de son rôle.»*

Ai-je eu peur ? Peur de l'inconnu, peur de voir disparaître mes proches, mes congénères ? Une peur mâtinée d'un soupçon de tristesse ? Il est dit qu'en exprimant sa tristesse, en laissant couler ses larmes, on permet à sa peine d'être assimilée et on l'évacue. Ça doit être ça alors : ce rêve concernant une nouvelle espèce me fait peur, je ne conçois pas que mes descendants et donc un peu de moi-même aient à mourir définitivement. Eternellement... Et la tristesse m'aiderait à assimiler cette peine.

Je me 'croyais' rationnel, cartésien mais je comprends que, sans les émotions, ma vie aurait été un film en noir et blanc. Non pas un cauchemar, mais plutôt un long fleuve infiniment tranquille, lisse et terriblement dangereux. Probablement celui décrit dans les auteurs de la première saison de Westworld. *Les émotions donnent des couleurs à la vie, elles fondent aussi notre indispensable et constante capacité d'adaptation au monde qui nous entoure, nous presse, nous perturbe ou nous réjouit. Sans cesse, elles entretiennent un dialogue avec notre corps, notre cerveau, notre environnement. Elles tissent la toile ténue ou pesante de nos états d'âme. L'évolution les a ancrées profondément dans les méandres de notre cerveau, car elles ont permis à l'homme d'améliorer ses capacités de survie*[22].

Bernard Rimé, spécialiste de la psychologie des émotions à l'université catholique de Louvain, nous en donne une définition très complète: «*Il y a émotion, dit-il, quand coexistent chez un individu un certain nombre de composantes: changements physiologiques, modifications de l'expression faciale, variations sur les plans subjectif, comportemental et cognitif.*» La peur, la joie, la colère, la

---

[22] 'Emotions, ce que la science nous révèle', par LEXPRESS.fr (1999)

tristesse, ces réactions intenses ou imperceptibles qui dilatent nos pupilles ou accélèrent nos battements cardiaques, nous font pâlir ou rougir, sursauter aux bruits violents ou aux mouvements abrupts, rire ou pleurer. Elles constituent des ajustements permanents à notre environnement.

Je n'ai toujours pas bougé du lit, encore un peu moite et en train de réfléchir. Mes émotions, nos émotions nous donnent donc un très net avantage sur le reste du vivant qui en serait dépourvu : la capacité de s'adapter, de s'ajuster en permanence. Serait-ce là le message du jour, véhiculé par mon rêve devenu familier ?

Je me lève sans faire de bruit; la lune remplit toute la chambre d'une atmosphère phosphorique, elle éclaire mes pas jusqu'au seuil. J'ai un sentiment de reconnaissance: qu'il est bon et agréable de se lever aux aurores et de redécouvrir la lente et douce sortie du monde des ténèbres.

J'ai le souvenir d'une lecture récente, un ouvrage qui présente l'homme comme une triade : volonté – sentiments – pensées. Je m'arrête devant les rayons de notre bibliothèque pour le saisir – 'Par-delà les sycomores' – puis descend dans la cuisine, au clair de la lune. L'auteur y reprend la réflexion anthroposophique de Rudolf Steiner selon qui l'âme a une triple faculté : la force de la volonté (libre arbitre), la beauté des émotions & sentiments et la sagesse de la pensée.

Si la force de ma volonté est encore faible, mon 'libre' arbitre encore embryonnaire, et mes choix ou décisions plus souvent conditionnés qu'il n'y paraît (ce à quoi je suis arrivé il y a deux jours), qu'en est-il de la sagesse de mes émotions, la véracité de mes sentiments ?

Si je reprends les tournants décisifs de ma propre vie, le moteur en a t-il été davantage l'émotion que la force d'une volonté ?

Si j'en crois les propos de ma mère, le déménagement de notre petite famille de quatre a effectivement été déclenché par la tristesse, le douloureux sentiment de s'être séparée des deux familles parentales, habitant en Sarthe. L'adaptation à la vie citadine, ici tourangelle, était trop difficile.

La rencontre à l'école primaire de cette jeune fille dont je tombe amoureux, suivie de fréquentations assidues au collège et à l'école de musique, ne relève évidemment ni de la force de la volonté, ni de la beauté de pensées platoniques mais d'une émotion forte et universelle.

En juin 1979, quand j'ai réussi le concours d'entrée au collège militaire du Mans, je comprends - aujourd'hui seulement – que la peur m'a servi de moteur. J'avais peur de ne pouvoir sinon poursuivre mes études, de m'orienter vers une filière professionnelle qui ne m'intéressait pas. Bien que j'aimais et j'aime mes parents, au fond de moi, je ne voulais pas vivre comme eux. Je ne voulais pas ou plutôt j'en avais peur ….

La poursuite de mes études jusqu'à l'entrée à l'école polytechnique a alors été alimentée par la joie de sincères camaraderies, l'émotion cognitive, le plaisir de la démonstration mathématique, la fierté de mes résultats, l'excitation de la découverte du Monde avec un M majuscule (l'infiniment grand et l'infiniment petit, le réel et sa manifestation). C'est pendant cette période que j'ai dû aussi – ce que je ne comprends qu'aujourd'hui… - me caparaçonner. Me caparaçonner vis-à-vis d'un autre jeu d'émotions plus négatives : le dégout de l'autoritarisme, la peur de la punition injustifiée et liberticide (privation du droit de sortie), la colère face à une accumulation de 'gênes' dans un environnement militaire, par essence pas très souple.

Claire me rejoint, le sourire aux lèvres, les cheveux décoiffés et entourés d'un halo lumineux. Au clair de lune ! O Claire de l'Une ! Grâce au premier café du matin, son esprit émerge petit à petit de ses nimbes oniriques et atterrit en douceur sur ses épaules.

*« J'ai enfin compris quelque chose sur moi, chérie…*
*- … que l'avenir t'appartenait, comme il appartient à ceux qui se lèvent tôt ?!?*
*- Indirectement, oui. C'est vrai que ces levers matinaux me donnent une bien belle énergie.*
*- Je vois… Je t'écoute juste après, je voudrais juste préciser que je préfère en fait la formulation de Reza Deghati : « L'avenir appartient à ceux qui croient en la beauté de leurs rêves».*
*- Tu ne crois pas si bien dire … Que ce soit lié à mon rêve ou non, j'ai été réveillé comme submergé par une émotion. De la*

*tristesse, je dirais. Et ça m'a amené — je te fais grâce de mon cheminement — à relire les tournants décisifs de ma vie, à la lumière des émotions. N'est-ce pas davantage l'émotion que la volonté qui m'a fait prendre ces virages ?*

*- Et tu vas m'annoncer que oui, même pour toi le rationnel, le cartésien, c'est cela ? Bravo, chéri ! La psychologie a fait un saut aujourd'hui !*

*- Tu le savais déjà, tu le plaides tous les jours auprès de tes patients. Moi, ça restait jusque-là un concept, une information rangée quelque part dans mon cortex. Ce matin, j'ai compris qu'en fait les émotions ont aussi été mon moteur.*

*- Et tu serais tenté de généraliser à toute l'humanité… Si notre moteur de l'Homo Sapiens moderne est davantage l'émotion que la volonté, l'espèce garde ses chances par rapport aux robots, l'IA et autres algorithmes sans cœur.*

Oui, je confesse…

Et je décide intérieurement de revisiter les travaux d'Antonio Damasio ce matin, avant de me rendre au bureau. *Depuis Platon, Kant et Descartes, il était considéré que seule la logique propre, purement rationnelle et mathématique, écartée de toute considération affective, peut mener à la solution quel que soit le problème. Selon ces théories, une décision est inspirée de données sensorielles, d'événements, de faits et de documents. Les prémices d'une intervention émotionnelle dans la prise de décision sont déjà discernables, dans le principe de l'antithèse de Darwin ou dans les recherches de Lazarus (1991), mais ce n'est qu'en 1994 que*

*Damasio affirme nettement que les émotions sont nécessaires à la prise de décision.*

Je crois que c'est ce qu'Antonio Damasio a intitulé *l'Erreur de Descartes'*. À partir de sa théorie des marqueurs somatiques, non seulement il explique le processus de décision, mais surtout la rapidité de notre cerveau à décider, de quelques fractions de secondes à quelques minutes selon les cas. Selon le neuroscientifique, le raisonnement pur ou mathématique réclame une mémoire d'une capacité illimitée à retenir la multitude de combinaisons probables pour prévoir les conséquences de telle ou telle décision. **Une capacité dont l'homme ne dispose pas...** CQFD ![23]

Alors sur le point de quitter le domicile et de prendre la route, je reçois un SMS de Claire:

> *Pour ta réflexion, 'rien de grand ne s'est fait sans passion' - Hegel.*
> *Love.*

Sur la route vers Paris, je pense à l'émotion qu'a dû ressentir Churchill en mai 1940 quand il doit sacrifier une unité chargée de diversion et décider de la mobilisation des embarcations civiles pour secourir les armées française et anglaise encerclées à Dunkerque (l'opération Dynamo), à celle de Simone Veil lorsqu'elle réussit enfin à faire adopter la loi sur l'IVG le 29 novembre 1974, à celle de Nelson Mandela, le 10 mai 1994, lorsqu'il est élu président de l'Afrique du Sud...

---

[23] Ce Qu'il Fallait Démontrer

L'Histoire l'a prouvé : l'intelligence émotionnelle a souvent prévalu devant la froide logique, le raisonnement mathématique, l'interprétation des statistiques. Quelle peut être la signification du rêve de cette nuit alors? *Je fais souvent ce rêve étrange et pénétrant / d'une espèce inconnue que j'aime et qui m'aime / Et qui n'est, chaque fois, ni tout à fait la même / Ni tout à fait une autre, et m'aime et me comprend.*

Inconnue, elle l'est. Je n'ai jamais pu observer un visage, leur corps est diaphane, leurs formes floutées. Ce sont des bipèdes en tout cas. Genrés, sexués ? Plutôt androgynes, je dirais. Ils pratiquent des rituels spirituels ou une liturgie religieuse puisque j'ai *'pu assister'* à l'un de leurs offices. Leur maîtrise de la technologie semble plus avancée et plus discrète à la fois.

Revient le souvenir de la maxime d'Edgar Poe, qu'un vieil ami, Thierry, a aussi fait sienne: « *ceux qui rêvent éveillés ont conscience de mille choses qui échappent à ceux qui ne rêvent qu'endormis*». Thierry fait l'expérience régulière de rêves éveillés; j'aurais besoin de l'appeler à midi. Peut-être pourrait-il m'aider à décoder, à interpréter celui-ci ?

« Bonjour mon ami ! Alors ? Tu rêves d'une future civilisation qui va remplacer la nôtre ? D'une espèce qui viendrait même d'une autre planète ? Tu sais que tout rêve d'extraterrestres permet de lever le voile sur la partie secrète de ton esprit ? Tu tentes peut-être de t'évader d'une existence ennuyeuse ou tu vas bientôt rencontrer une personne hors du commun.

- Bonjour mon cher Thierry. J'entends donc que tu vas bien! Tu fais toujours des rêves lucides ou éveillés, n'est-ce pas? Ça vient d'où, en fait, les rêves ? Maintenant, tu le sais peut-être davantage, toi ?

- Pendant le sommeil paradoxal, le cerveau se répare automatiquement, les parties les moins exploitées de ton cerveau sont activées. Les neurones délaissés durant ta vie consciente sont stimulés. Il en ressort des souvenirs enfouis, le plus souvent des images de la journée passée, parfois des *images totalement oubliées, inscrites profondément dans ta mémoire.*

*- Et cette réparation neuronale se fait au hasard ?*

*- Non, elle est guidée par ton inconscience. Durant le sommeil paradoxal, tu es totalement sourd à ton environnement, tes muscles n'ont absolument aucune activité. Le rêveur est entièrement concentré sur lui-même. C'est ton inconscient qui dirige, qui guide ton énergie intérieure vers les zones oubliées par ta conscience.*

*- Sauf quand on fait des rêves lucides, comme toi…*

*- Oui et non… Dans le cas de mes rêves lucides, je ne dirige pas mon énergie intérieure de façon consciente, mais par contre, je suis conscient de l'état de conscience dans lequel je me trouve.*

*- C'est clair, mon ami. Merci! Et qu'est-ce que je dois penser de ce rêve récurrent, alors ?*

*- Bah, tu l'as compris, non? Il signifie que tu as délaissé une zone oubliée de ta conscience. Ton rêve se charge de la stimuler… On se revoit quand ?»*

Thierry est une personne passionnante, je pourrais l'écouter pendant des heures me raconter son interprétation des rêves, sa découverte de *L'Enseignement du Bouddha* de Walpola Rahula ou l'application d'un tout nouveau modèle au management de l'innovation. Nous n'en avions pas trop le temps ici.

C'est le début de soirée, je suis à nouveau à notre domicile.

«J'ai peut-être délaissé une zone de ma conscience », raconté-je à Claire. *Dans ce cas, mon rêve se charge de la restimuler.*

- Chaque nuit ? C'est de l'acharnement thérapeutique, du harcèlement !

- *Il a surtout utilisé un mot que j'avais soigneusement évité jusqu'à présent.*

- *Oui, j'ai bien entendu, chéri: la conscience. Tu vas te relancer dans cette étude? Tu sais, cette quête ressemble un peu au mythe de Sisyphe, selon moi.*

- *Je marcherai vers le pied de la montagne, pour recommencer de zéro mon épuisante ascension. Après que la pierre est à nouveau tombée en bas de la montagne, je redescendrai d'un pas lourd mais égal, vers le tourment dont je ne connaîtrai pas la fin. Albert Camus.*

- *Ça ne te fait pas peur, cette recherche de sens, de clarté ? Une recherche probablement vaine, si on en croit Camus justement. Le cycle de l'absurde...*

- *Non, ça ne me fait pas peur. C'est ma quête à moi, elle me nourrit, elle m'enrichit, elle ... me justifie.*

Claire connaît la chanson. Elle ne commente pas et vient me prendre dans ses bras : « *Tu es courageux ! Bravo, mon Sisyphe à moi !*»

En soirée, après le repas en famille, chacun peut vaquer à ses occupations favorites. Je saisis dans la bibliothèque mon exemplaire de 'Ce qui est en JE', me rends dans notre petit bureau-alcôve et me laisse faire. La conscience... Que d'encre a été versée sur ton nom, en ton nom. J'y ai moi-même consacré un ouvrage de 600 pages... Cette fois, je pense à la réflexion de Saint Augustin concernant le temps.

> Qu'est-ce donc que le temps ? Si personne ne me le demande, je le sais : mais que je veuille l'expliquer à la demande, je ne le sais pas! Et pourtant - je le dis en toute confiance - je sais que si rien ne se passait il n'y aurait pas de temps passé, et si rien n'advenait, il n'y aurait pas d'avenir, et si rien n'existait, il n'y aurait pas de temps présent.

Ne peut-on pas dire de même pour la conscience? Si personne ne me le demande, je sais ce que c'est, j'en suis conscient! Mais que je veuille l'expliquer à la demande, et je ne le sais pas...

C'est avec le philosophe Husserl que je préfère commencer cette fois, par rapport à ma réflexion d'il y a quatre ans, qui s'était appuyée sur ce qui s'avère être un axiome ou une *vérité révélée*: *'tout est conscience, toute la réalité est conscience'*. Avec Edmund Husserl, *'toute conscience est conscience de quelque chose'*, c'est plus simple! La conscience est la faculté qui permet d'être attentionné, lucide sur le moment présent. Ici et maintenant. Par exemple : j'ai conscience que je suis assis dans le canapé Louis XVI que nous a donné mon beau-père, que je tiens un ouvrage entre les mains, que j'ai de la chance de vivre en France, entouré de mes proches. Je sais que c'est moi, et personne d'autre que moi, qui vis ce moment.

*« Dis donc, mon ami, tu t'es lancé dans un projet un peu fou, non? Mais procéder comme René Descartes est une bonne*

*méthode: tu fais table rase de tout ce que tu as appris, de tout ce que tu as en mémoire et tu examines ce qu'il reste, s'il reste quelque chose. Et tu vois quoi?*

Il reste cette chose en moi qui a la faculté de porter son attention sur différents contenus informationnels venant de ce qui m'entoure: l'information visuelle (l'alcôve, le canapé Louis XVI, le grand ficus qui sépare la pièce du reste de la maison) ou l'information auditive (notre Labrador qui respire fort, Claire qui tape un rapport sur son clavier) ou l'information tactile (suis-je bien assis ?) ou le contenu relatif à ce que j'ai fait aujourd'hui. Ainsi, la seule chose qui reste, essentielle, c'est la faculté d'observer, de porter son attention sur tel ou tel contenu.

Comme lors de la pratique de la pleine conscience ou de la médiation.

Husserl a raison: *"tout état de conscience en général est, en lui-même, conscience de quelque chose"* : la conscience vise toujours un contenu - la petite table ronde, le museau du Labrador, les deux statues d'Alain Choisnet. Cette particularité qu'a la conscience d'être toujours conscience *de* quelque chose est conceptualisée par le philosophe sous le terme d'intentionnalité. L'intentionnalité est le fait que la conscience est en permanence porteuse d'une intention. Du latin *intentio* : "action de tendre vers", la conscience est un mouvement vers quelque chose d'autre qu'elle-même. C'est d'ailleurs cette même faculté que les physiciens quantiques –

Planck, Einstein, de Broglie, Bohr, Heisenberg, Schrödinger – ont désigné par l'observation, la mesure en physique quantique: la faculté d'un observateur conscient (à l'aide d'un instrument de mesure) de porter son attention sur, de tendre vers la lecture de l'état dans lequel se trouve le système quantique mesuré ou observé.

En évoquant la mesure, les chiffres concernant nos activités cérébrales me reviennent à nouveau: 11 millions de petits morceaux d'information par seconde sont traités par mon cerveau, sans que j'en prenne conscience. Et dans ce flux, seuls 77 petits morceaux sont dirigés vers l'espace de la conscience, de lucidité, d'attention. La conscience est ce mouvement de ma focale intérieure, vers quelque chose d'autre qu'elle-même: tel flux d'information extérieure (comme les mélodies que j'entends au loin, venant d'une des chambres) ou tel flux intérieur (comme le souvenir de ma première visite de cette maison, qui nous avait tant charmés).

Comparer cette faculté de conscience à une focale (un instrument d'optique) ou à un instrument de mesure est néanmoins réducteur. Prenons l'exemple de la vision : 1) je **vois** le mobilier et les plantes de l'alcôve dans laquelle je me trouve ; 2) je **regarde**[24] plus particulièrement le feuillage du ficus devant moi, d'un vert nuancé et 3) j'ai **conscience** qu'il s'agit du ficus benjamina que j'avais acheté pour les 10 ans de Benjamin. Et prenons l'exemple d'un poste de radio : 1) j'**entends** les différentes ondes radiophoniques qui

---

[24] regarder requiert une intention (volonté) de la part de celui qui effectue l'action

descendent jusqu'à moi, 2) j'**écoute** plus particulièrement celles qui semblent porter des rythmes de jazz, 3) j'ai **conscience** qu'il s'agit de 'Take Five' du quartet Dave Brubeck.

> La chose qui reste quand je fais table rase de tout, ce qui existe en moi est cette faculté de porter mon attention sur différents contenus informationnels et de leur donner du sens.

J'entoure même ce que je viens d'écrire, comme si je tenais là la première pierre d'un temple à construire. La première pierre de mon nouveau temple intérieur…

Ce faisant, je perçois, avec une légère appréhension, que René Descartes était peut-être allé trop vite dans son raisonnement lorsqu'il s'est permis de conclure : *'je pense donc je suis'*. Ce qui **existe avant tout** en chacun de nous, c'est cette **faculté d'attention**, de focalisation, d'intentionnalité sur quelque chose d'autre qu'elle-même. Mais que serait le 'je' dans cette analyse? Nous n'en savons rien.

Il se fait tard; je ne me sens pas assez reposé, assez fort pour entamer – tel Sisyphe - une nouvelle ascension avec la question du 'Je'. Je ne sais pas si cette nouvelle quête a un quelconque rapport avec le motif de mes songes, mais je suis bien décidé à poursuivre cette voie proposée par mon ami Thierry. Avec plaisir, avec passion même.

## 'Je est un autre'

« Je suis à Douai, chez le poète et éditeur Paul Demeny, ami de mon professeur Izambard. Je regarde l'horloge et y cherche la date, en vain. Je dirais qu'aujourd'hui est un jour d'octobre de l'année 1870. Le poète, auteur d'un recueil de poésies intitulé 'les Glaneuses', trouve mon texte très intéressant. Il me prie de l'excuser et s'absente pour le montrer à un ami, son voisin. Me laissant seul, quelques minutes, dans son salon, devant une tasse de thé et un exemplaire des Poèmes Saturniens, de Paul Verlaine.

J'y lis 'Mon Rêve familier' (qui n'en est pas un dans mon rêve):

*Soudain, quelqu'un sonne au domicile de Paul Demeny puis rentre, sans trop attendre. Arthur Rimbaud ! Arthur ne me voit pas, il porte avec lui une épaisse liasse de feuilles de papier. Le jeune homme a 16 ou 17 ans. Il s'approche de la table où je me trouve, jette un œil sur le recueil de Verlaine, il dépose sa liasse et y griffonne hâtivement un message : 'je viens pour vous dire adieu. [...] **Je est un autre !**' Puis Arthur Rimbaud quitte la pièce d'un saut.*

Arthur quitte la pièce d'un saut, je quitte mon rêve d'un sursaut... Je me remémore parfaitement bien que, dans ce songe, la *'femme inconnue'* de Paul Verlaine a été modifiée en *'une espèce inconnue'*. Ça me poursuit...  Par ailleurs, voir arriver Rimbaud avec son *'Je est un autre'* alors que je me posais la question hier soir, avant de m'endormir, ne me surprend plus du tout.

Maintenant, est-ce un simple hasard, la poursuite logique de mes pensées diurnes, ou un message ? Je me lève en pleine nuit, ça me devient aussi familier que le rêve de Paul Verlaine. Me préparer un thé plutôt qu'un café me permettra peut-être de rester dans l'ambiance. D'ailleurs, l'alcôve où je me rends ressemble étrangement à la pièce principale du domicile de Paul Demeny (dans mon rêve).

*« Allez, au travail. Qui est ce 'je'? Qu'a voulu dire Rimbaud ?»*

Je lis que *« lorsque Arthur Rimbaud s'exclame 'je est un autre', il professe une conception originale de la création artistique: le poète ne maîtrise pas ce qui s'exprime en lui, pas plus que le musicien, l'œuvre s'engendre en profondeur... Rimbaud poursuit : 'J'assiste à l'éclosion de ma pensée: je la regarde, je l'écoute'. Maurice Blanchot parle d'impouvoir; au-delà du registre esthétique c'est peut-être toute la conception classique du sujet comme pôle d'identité et de maîtrise de soi qui ainsi peut être remise en cause. C'est d'ailleurs le sens de la critique que Nietzsche (1844-1900) opère à la même époque... »*

Rimbaud assistait à l'éclosion de sa pensée, il la regardait. C'est exactement ce qu'Edmund Husserl pensait de la conscience: 'être conscient de', c'est assister à, c'est être attentif à. Nietzsche, Rimbaud, Blanchot, et plus récemment Douglas Hofstadter convergent et annoncent la fin du sujet dans son interprétation classique. Que cela vienne d'une zone de ma conscience que je n'ai pas activée depuis longtemps ou que cela soit un message codé laissé par une intelligence autre que la mienne, le contenu est clair : 'je' est un autre, voire une illusion…

Mais si 'je' est un autre, s'il n'y a pas en réalité de pôle d'identité stable, d'où vient l'illusion qui me pousse à le croire et que penser de mes relations aux autres?

> Je fais souvent ce rêve étrange et pénétrant
> D'une **espèce** inconnue, et que j'aime, et qui m'aime,
> Et qui n'est, chaque fois, ni tout à fait la même
> Ni tout à fait une autre, et m'aime et me comprend.

Je perçois bien que les deux poèmes portent un message identique, qu'il me reste à déchiffrer. Verlaine et Rimbaud à nouveau réunis !

Je tape 'cogito Descartes' sur mon clavier et j'obtiens évidemment de nombreux articles, dont celui-ci : « *dans la première des Méditations Métaphysiques, quand Descartes se propose de douter de tout, une fois dans sa vie, dans l'espoir de trouver de l'indubitable et de refonder ainsi tout l'édifice du savoir, il pousse le doute jusqu'à douter de la fiabilité de ses pensées. C'est l'hypothèse du malin génie ou du Dieu trompeur. Alors la première certitude « je pense donc je suis » surgit au sein de ce doute radical. Ce que je pense peut-être faux mais il est absolument certain que je ne peux penser sans être. La certitude de l'êtreté du sujet pensant surgit du sein du doute; « le malin génie» n'étant finalement qu'une manifestation de la volonté de Descartes de douter radicalement. Dans la seconde Méditation, quand Descartes revient sur l'acquis du cogito, il se définit alors essentiellement* comme **une chose pensante** puisqu'il est absolument certain d'être alors même que l'êtreté de son corps (ainsi que de tous les objets de monde) est encore gelée par le doute.

Au '*je pense donc je suis*', Nietzsche opposera[25] aussi un '*quelque chose pense*', comme Descartes dans sa seconde Méditation. Et Nietzsche n'est pas sûr qu'il faille distinguer le sujet du verbe comme il serait absurde en physique de distinguer l'éclair de son éclat et de dire avec la foule que «l'éclair luit».

N'est-il pas effectivement absurde de distinguer le sujet 'être pensant' du verbe 'penser'? Le sujet 'tonnerre' du verbe 'tonner', le sujet 'chien' du verbe 'aboyer', etc.

Dans sa seconde Méditation, René Descartes donne-t-il plus d'importance au fait que **le sujet 'je' est** puisqu'il pense ou au fait que **quelque chose est** forcément, puisque ce quelque chose est conscient de ses actions, pensées et choix ?

Je me rends compte que j'étais complètement passé à côté de ces réflexions philosophiques et autres méditations quand j'avais dix-sept ans; j'apprenais, j'ingurgitais un savoir - plus ou moins gai d'ailleurs — mais je ne philosophais pas. De quelle espèce ces grands Hommes — hommes ou femmes, bien évidemment - sont-ils donc ? Il fallait qu'ils soient libérés de bien des tâches du quotidien – surtout au XVIIème siècle - pour pouvoir mener à bien leurs méditations. C'est bien pour

_____

[25] *Généalogie de la morale* I 13

ça que l'on dit que derrière chaque grand homme, se cache une femme. Une grande femme, restée souvent inconnue pourtant...

'Quelle espèce', 'grande femme', 'inconnue', ces mots font écho en moi, ils me renvoient à quelque chose d'autre. Quelque chose de plus important...

Je me lève, me dégourdis les jambes, fais quelques pas du salon à la cuisine, de la cuisine au salon.

A mon rêve familier, bien-sûr !

> *Je   fais   souvent   ce   rêve   étrange   et   pénétrant*
> *D'une **espèce** inconnue, et que j'aime, et qui m'aime,*
> *Et   qui n'est, chaque   fois,   ni   tout   à   fait   la   même*
> *Ni tout à fait une autre, et m'aime et me comprend.*

Et si l'espèce en question n'était pas à entendre au sens phylogénétique – race, tribu ou espèce – mais dans le sens plus commun : un type, une qualité, une sorte ou une catégorie ?

Cette découverte me fait partir dans un tel fou rire que j'en oublie et l'heure encore très matinale et le lieu où je suis : au rez-de-chaussée, sous les chambres du premier. Le labrador très vite se lève et m'accompagne dans mes *hurlements*. Je monte quatre-à-quatre les marches de l'escalier, pour m'excuser auprès de la petite tribu qui a commencé à ouvrir un œil réprobateur.

Je réalise qu'aujourd'hui est un de ces nombreux jours fériés du mois de mai. Chaque membre de notre petite tribu a peut-être entendu un rire, surtout le chien aboyer, puis s'est rendormi, à part moi bien-sûr. Je n'essaie même pas de rejoindre mon épouse ou de faire comme les enfants ; l'excitation est à son comble… et la Lune, bien pleine.

Je redescends, sans faire de bruit. Je retourne à mon bloc-notes et y retranscris ce que je comprends de tous ces petits mystères :

> L'homme est un animal, descendu de l'arbre et des Grands Singes. Sa bipédie a ouvert la voie au développement de la parole et de la conscience, en tant que faculté d'être attentif, lucide, conscient des choses. Il n'en reste pas moins que ses décisions sont surtout guidées par l'émotion ou par son environnement (l'éducation, l'héritage génétique, l'environnement social, les expériences, les prédispositions). Le libre arbitre est une illusion. Quant à son intelligence naturelle, elle n'est pas forcément en danger par rapport à l'intelligence artificielle à laquelle l'homme fait appel de plus en plus, s'il prend soin de conserver de la curiosité, de l'ouverture à l'autre, et un langage riche, lui permettant de pousser les limites de 'son monde'.

Je me relis à nouveau. Pourquoi l'humanité pourrait-elle alors disparaître ? Ou plutôt: pourquoi un type d'Homo Sapiens pourrait-il être plus résilient, plus adapté que les autres et ainsi lui survivre ? Une 'espèce' d'hommes et de femmes, inconnue de moi, mais qui m'aime et que j'aime ?

Je perçois, à tort ou à raison, que le 'je' est une des clés du mystère. J'ai envie de procéder comme les jours précédents : en m'observant. Et aujourd'hui en observant qui est le 'je' des actions et pensées que j'aurai. J'avais noté tout à l'heure une réflexion de Nietzsche : *« il y a en l'homme autant de consciences qu'il y a de forces plurielles qui constituent et qui animent ce corps. »* Si 'je' est un autre, est-ce surtout parce qu'il y aurait plusieurs ? Voyons par nous-même...

Pour débuter un tel exercice, j'ai l'intuition qu'il faut commencer par la médiation, puis se laisser faire, lâcher prise. Je m'assieds dans l'alcôve, prenant la position du lotus. Je m'écoute. Ce faisant, je ne sais trop qui écoute l'autre, mais les 'je' s'écoutent.

L'estomac ou les intestins sont la première force qui s'exprime, gentiment. Peut-être un niveau de glycogène dans le foie tombé sous le niveau seuil, précédant habituellement le désir de manger. Comme mon hypothalamus déclenche ensuite une sensation de faim, une des pensées grouillantes de l'inconscient finira par percer le plafond de verre et se présentera dans l'espace conscient : *« J'ai faim'!»*. Ainsi un premier 'je' aura été identifié: le gestionnaire de nos besoins en calorie.

Je note que le *'quelque chose qui prend conscience de'* **(1)** et *'l'autre chose qui s'y présente'* **(2)** sont deux choses différentes, deux forces plurielles. La faculté d'exprimer *'J'ai faim'* relève d'un acte de prise de conscience par **(1)**, alors que le pronom 'je' dans la proposition exprimée renvoie au gestionnaire des besoins en calorie **(2)**.

> Quelque chose en moi prend conscience qu'**un 'je' a faim**

Je repose le stylo et reprends la position du lotus, sans chercher à satisfaire mes besoins en énergie. Ce qui est en soi une décision interne dont je n'ai pas l'impression d'avoir eu connaissance... Que s'est-il passé ?

> Ce même quelque chose en moi prend conscience qu'**un 'je' culturel – l'animal social – a décidé** qu'il était trop tôt pour satisfaire les besoins du 'je' gestionnaire.

C'est passionnant! Je ramène mon attention sur le souffle. J'observe le passage de l'air dans mes narines lors de l'inspire puis lors du mouvement inverse de l'expire. L'air est frais, la température légèrement plus basse pour l'inspire. Un moineau friquet, je crois, babille, chante ou gazouille quelque chose de fort agréable, comme des trilles. Je l'écoute, essayant de repérer la succession des notes. Mon attention est partie de l'observation du souffle pour se porter sur le chant d'un oiseau matinal. Cette fois, 'je' de 'j'écoute le moineau chanter' serait bien ce quelque chose en moi qui est conscient, attentif, lucide.

> Le quelque chose en moi qui observe, qui porte attention, qui est conscient, a branché son écoute **sur un son extérieur**, fort agréable avec ses ornements vocaux et sa mélodie printanière.

« *Tout ça me semble encore un peu compliqué, mon ami, mais tu es sur la bonne voie!*»

Ah notre petite voix intérieure ! La voix d'un 'je' inconnu qui m'aime et que j'aime! Nous savons tous qu'il ne faut jamais oublier d'écouter sa petite voie, notre meilleure conseillère. Steve Jobs disait aussi: « *ne laissez pas le brouhaha extérieur étouffer votre voix intérieure.*»

« *Merci, petite voix!, je perçois enfin ce que mon 'travail' devrait permettre.*» Identifier le type ou l'espèce d'hommes et de femmes qui sauront peut-être résister et survivre aux épreuves dramatiques à venir (rien que ça !).

Comme j'aime à le faire, je poursuis mon tableau sur une nouvelle page du bloc-notes :

| Les situations (action, sentiment, pensée, décision/choix) | Qui est le 'je' ? |
|---|---|
| J'ai faim. | le 'je' gestionnaire des besoins en calorie |
| J'entends le chant d'un moineau. | le 'je' mécanique constitué de l'appareil auditif et du cortex auditif primaire |
| Je décide de ne pas manger tout de suite. | le 'je' social ou culturel qui respecte les règles de vie en société |
| Je n'arrive pas à me rendormir. | le 'je' émotionnel, nourri par la joie, le plaisir ou l'excitation. |

J'entends Claire descendre l'escalier, puis je la vois apparaître vêtue d'un pyjama de satin, aux motifs fleuris d'un printemps au Japon. Sa crinière blonde et bouclée, mal coiffée, lui donne un petit air de sauvageonne, ce qui n'est pas sans me déplaire. Elle est belle, sensuelle, fragile et forte à la fois.

« *Tu fais quoi ?* » réussit-elle à exprimer en même temps qu'un bâillement.

Je fais quoi ? Que lui répondre dès *potron-minet* ? Que *je est un autre* et que j'essaie d'identifier les forces plurielles de cet autre? Non, bien-sûr. « *Je travaille toujours sur le même thème, chérie. Peut-être une idée pour un prochain bouquin.* »

Je m'étais levé pour la rejoindre et l'enlacer. « *Ce sera donc l'heure du petit-déjeuner* ! » adressé-je en pensée au 'je' gestionnaire des besoins en énergie. Et le 'je' mental se note les deux entrées supplémentaires à rajouter en bas du tableau.

# Où es-tu dans la cour de 'je' ?

Au petit-déjeuner, Claire et moi évoquons le programme de notre journée, l'entretien dont le jardin aurait besoin, les nouvelles à prendre de nos proches, le chant incroyable (comme libéré) des oiseaux, et nos poèmes préférés :
'*le baiser quantique*' pour Claire,

| | |
|---|---|
| *Effleurement labial* | *Tendre touché buccal* |
| *Par son homme* | *Par quantum* |
| *Léchouille animale* | *Baiser de Parsifal,* |
| *Minimum !* | *Mon sérum.* |
| *La non localité,* | *Qui livre ses baisers* |
| *Cathartiques.* | *Terme magique,* |
| *Je me sens adorée* | *Toute entière embrassée* |
| *Je lévite …* | *Holistique.* |
| *Enchevêtrée et liée,* | *Est-ce la Réalité ?* |
| *Authentique.* | *C'est quantique.* |

*'La chevelure'* de Baudelaire, pour moi.

> Ô toison, moutonnant jusque sur l'encolure !
> Ô boucles ! Ô parfum chargé de nonchaloir !
> Extase ! Pour peupler ce soir l'alcôve obscure
> Des souvenirs dormant dans cette chevelure,
> Je la veux agiter dans l'air comme un mouchoir!
> …

Puis Claire me demande, avec des tonalités que je qualifierais de lascives: « *Tu en es où, dans l'interprétation de ton rêve familier? De cette femme inconnue et qui t'aime ?* »

Je souris à sa raillerie : « *Dans mon rêve, il ne s'agit pas d'une femme, tu le sais bien, mais d'une espèce inconnue. J'ai fait un pas, un pas en avant j'espère. Il se pourrait qu'il s'agisse d'un type d'hommes et de femmes, et non d'une nouvelle espèce ou d'un nouveau genre. Des individus Homo Sapiens qui auraient une caractéristique, une qualité qui les rendrait plus résilients…*»

Je préfère ne pas évoquer la question du 'je', trop compliquée à résumer, quand me revient à l'esprit ce que mon épouse doit souvent aborder avec ses patients. Les thérapies cognitives et comportementales consistent justement, en s'appuyant sur l'analyse fonctionnelle, à 'conceptualiser des cas', c'est-à-dire à identifier une boucle potentiellement vicieuse chez le patient :

(situation donnée -> pensée automatique -> émotion -> comportement -> conséquence -> renforcement de la situation)

« *Est-ce que vous donnez un nom aux boucles vicieuses que vous identifiez parfois chez un patient ? Je crois que vous parlez de cas conceptuels. Est-ce que tu pourrais le nommer autrement ?*
*- C'est-à-dire ?*
*- Je me demande s'il n'y a pas différentes forces et pulsions en nous, qui font que chacun de nous est pluriel et non pas un pôle d'identité bien stable?*
*- Un peu comme dans le film Vice-Versa avec la petite Riley de 11 ans ? Oui, absolument.*
*- En restant loin de Freud, que je n'affectionne pas plus que toi, je me demandais si ces forces, ces pulsions, ces cas conceptuels n'étaient pas des petits 'je' qui demandent à s'exprimer...*
*- Comme dans le film... Ça me fait aussi penser à Nietzsche: 'Il y a en l'homme autant de consciences qu'il y a de forces plurielles qui constituent et qui animent le corps et l'esprit'. Oui, si tu veux...*»

Exactement, me dis-je, comme dans la pensée de Nietzsche, que Claire a donc aussi étudiée. Je poursuis :

« *Pour le philosophe allemand, 'je est un autre' signifierait plutôt la polyvalence des forces qui constituent le soi, polyvalence qui permettrait d'échapper aux modèles imposés par l'existence collective. Ces forces en devenir sont une* *promesse, une résolution à s'accomplir dans le futur. Autrement dit, la conception de l'homme défendue par Nietzsche est celle d'un homme assez sûr de lui pour savoir qu'il pourra accomplir cette promesse de devenir ce qu'il est, d'un homme qui a conscience de la force qui domine toutes ces contradictions : **moi/je et les 'autres je' en moi…**»*

Mais justement, le philosophe n'était-il pas trop sûr de lui, pensé-je ? Une pensée de Krishnamurti me revient à ce propos : « *La plupart d'entre nous sommes inconscients de notre arrière-plan psychologique, des perversions, des distorsions qui empêchent le discernement et nous rendent incapables de vivre complètement, d'une manière créative dans le mouvement même de la vie.* »

Le **moi** est *le résultat d'un passé lourd d'inconscience, de désirs inassouvis, de peurs et de réactions ; comment pourrait-il discerner le vrai et faux et agir en relation authentique avec la vie ?* [26]

Claire fit probablement un raisonnement similaire :

« *Chacun d'entre nous, de l'espèce Sapiens et du genre Homo, n'est pas encore ce Surhomme nietzschéen. Beaucoup d'entre nous se battent encore contre des 'je', en eux, qui les polluent, qui les malmènent. Des 'je' avec de fortes distorsions cognitives.*

---

[26] Dominique Schmidt, *'L'homme envoûté par la Matière', 3ème millénaire*

- *Exactement... Tu pourrais me retrouver les distorsions cognitives principales dont tu nous parles souvent ?*

- *Je les connais par coeur! La première distorsion est le fait d'avoir une pensée 'tout ou rien' ou 'noir ou blanc'...*

- *Le 'je' mental pense de façon dichotomique, polarisée, sans nuance : tout ou rien, noir ou blanc, jamais ou toujours, bon ou mauvais.... Il n'y a pas de place pour le gris. Par exemple, je me considère comme un raté si j'ai eu une mauvaise performance. »*

En même temps, je rajoute la ligne dans le tableau que j'avais débuté :

| Je perçois tout de façon dichotomique, sans nuance, polarisée. | un 'je' à la pensée automatique 'tout ou rien' |
|---|---|

- *Exactement... Cette distorsion est souvent présente chez les perfectionnistes. La seconde concerne les inférences arbitraires, les conclusions hâtives. Par exemple c'est quand tu essaies d'inférer mes pensées ! La troisième s'appelle la sur-généralisation...*

- *Le 'je' mental tire une conclusion générale sur la base d'un seul événement, d'un seul incident.»*

Je propose à Claire qu'elle me remplisse les cases de droite dans le tableau et je complèterai celles de gauche.

| Les situations (action, sentiment, pensée, décision/choix) | Qui est le 'je' ? |
|---|---|
| Je perçois tout de façon dichotomique, sans nuance, polarisée. | un 'je' à la pensée automatique 'tout ou rien' |
| Je perçois tout de façon dichotomique, sans nuance, polarisée. | un 'je' à la pensée automatique 'tout ou rien' |
| Je tire des conclusions hâtives (habituellement négatives) à partir de peu d'évidence. | le 'je' (mental) qui conclus hâtivement |
| Je tire une conclusion générale sur la base d'un seul événement, d'un seul incident | le 'je' (mental) qui sur-généralise |
| Je filtre et m'attarde sur les détails négatifs d'une situation | le 'je' à abstraction sélective |
| J'amplifie l'importance de mes erreurs ou mes lacunes. | le 'je' (mental) qui dramatise |

Puis Claire sort de la cuisine, pour aller se changer. Mon regard vient à croiser notre Labrador, couché à mes pieds, mais toujours tourné vers le danger.

Tous ces 'je', quand même... Comment se décide l'orientation du coup de projecteur sur l'un d'eux plutôt que sur les autres ? L'image d'une cour d'école se présente alors à moi : tous les garçons jouent au ballon mais, à un moment donné, un seul l'a en sa possession; il peut le garder un peu plus longtemps que ses copains s'il est adroit, malin, mais il finit par le passer à un autre garçon. Les forces en présence dans la cour d'école ressemblent beaucoup, finalement, à celles présentes dans l'espace inconscient, qui cherchent à gagner l'attention du Grand Projecteur : le je qui a faim, le je qui a peur de se faire mal, le je qui veut plaire aux filles, le je intellectuel qui se détache de tous ces je physiologiques, …

Nietzsche pensait que l'intellect se distinguait des autres consciences, car il était plus isolé de la masse des forces grouillantes; l'intellect serait comme une aristocratie régnante, une conscience d'un rang supérieur : il ne lui parviendrait que des expériences filtrées. Toujours selon le philosophe, chacun des actes de volonté de l'homme supposerait en quelque sorte l'élection d'un dictateur auquel l'intellect laisserait alors libre cours.

*Je ne pense pas ainsi*…

Et en le formulant ainsi - *'je ne pense pas ainsi'* -, il m'est difficile de vous préciser si le 'je' en question est la force mentale qui raisonne, qui pèse les propos de Nietzsche et qui étaie son désaccord, ou si le 'je' est ce quelque chose en moi qui prend conscience (ici du désaccord philosophique), qui (y) est attentive.

Quand j'écris que *'je ne pense pas ainsi'*, signifierai-je que 'les pensées se présentant dans mon espace conscient sont en contradiction avec celles de Nietzsche' ? Ou que **ma** conscience vient de prendre conscience du désaccord ?

Mon regard est fixe, comme *'par-delà les sycomores'*. Puis il revient s'accrocher à la couverture du livre, resté sur la table de la cuisine. Je me souviens que l'auteur fait aussi allusion à une cour de 'je' désordonnée, désunie.

> *L'âme de l'homme recouvre un ensemble de petits centres de désirs autonomes, de petits 'moi' qui tirent à hue et à dia. Ils sont comme les fragments d'une même entité. L'absence d'unité au sein de l'âme humaine peut être approfondie à l'aune des écrits : 'Au Moi, au Je de nature spirituelle, répond le moi ou le je, représentant l'ego aux formes nombreuses et par nature incohérentes. L'âme humaine est un navire sur des flots tumultueux, dont les marins viendraient tour à tour s'arracher la barre de gouvernail [...] C'est au prix du sacrifice de ce petit moi que tout cherchant pourra s'éveiller à la lumière de l'esprit dont les deux flambeaux sont la sagesse et l'amour.*[27]

Pour Pierre-Léon d'Orbais, les petits 'je' tirent à hue et à dia, comme *des marins qui viendraient tour à tour s'arracher la barre.* J'y voyais des petits garçons jouant dans une cour et s'arrachant le ballon. Selon lui, *ils sont comme les fragments d'une même entité* ; je les envisage aussi comme des fragments. Peut-être aussi d'une même entité ou équipe ?

Cette image d'une cour de jeu, dans laquelle les petits 'je' courent dans tous les sens pour s'arracher le ballon, me met mal à l'aise. Tout comme celle de Nietzsche d'ailleurs, qui voyait une cour de nobles et de pauvres individus du Tiers Etat, l'intellect faisant office d'aristocratie pour mettre de

---

[27] Pierre-Léon d'Orbais, *'Par-delà les Sycomores des Temples de Memphis'*

l'ordre à l'imbroglio des forces en présence. Bon sang, **qui contrôle qui ?**

J'émets ici une hypothèse : les individus qui pratiquent la méditation, le yoga, la recherche de la pleine conscience développent surtout un contrôle de l'attention, une maîtrise de la focalisation, une prise de conscience, la faculté d'observation et de présence. Pour eux, ce quelque chose qui prend conscience de, qui tourne le projecteur vers (vers le je qui regarde, vers celui qui écoute, vers celui qui a faim, etc.), ce quelque chose ou cet état de conscience n'est ni le hasard, ni un dictateur, ni la prédestinée, ni un faux Dieu exotérique et iconifié.

Pour ces individus, cet état de conscience est union, totalité, accomplissement, achèvement, mise en ordre, concentration totale de l'esprit, contemplation, absorption, extase, enstase. Leur esprit réalise alors la réalité ultime, un état d'union avec le *dieu* intérieur (<u>âtman</u>), voire un état d'absorption dans l'absolu (<u>brahman</u>).

Dans la cour d'école intérieure, il y a les petits je (les petits garçons ou petites filles qui courent après le ballon) et il y a le grand JE, parfois désigné par Samadhi ou par JE-SUIS (le maître d'école qui laisse libre cours aux je). Et la règle, dans cette cour de je, est de permettre à chaque petit garçon (ou petite fille) d'avoir accès au ballon, de jongler quelques instants puis de filer.

Autrement dit, la règle est de laisser filer ses pensées, ses émotions, ses sentiments sans s'y accrocher, en se laissant emporter par la sérénité, la mélodie intérieure... Ce faisant, *nous débranchons cette fonction de notre cerveau qui occupe **99% de notre attention et de notre énergie** et qui sert à évaluer en permanence ce qui nous entoure : danger, ami ou ennemi, nourriture ou pas nourriture, est-ce l'heure ou suis-je en retard, suis-je prêt pour demain matin ou ai-je oublié quelque chose, etc. Nous débranchons cette fonction pour faire le focus, une mise au point sur cette petite partie de notre esprit, le 1% restant, qui n'est pas polluée par le flot de pensées du passé ou du futur, par le poids de nos croyances, obligations sociales ou professionnelles.*[28]

Nous avons convenu d'un petit programme en cette journée fériée. Je pose le stylo, ferme le bloc-notes et m'y prépare aussi. Je reprendrai en soirée, et j'établirai, j'espère, un résumé de ce qui ressort de toutes ces réflexions.

---

[28] Marc Auburn, '001% : L'expérience de la Réalité' (2013)

| Aie un peu d'émoi pour ce qui reste du moi ! |
|---|

Ah ! Une journée comme je les aime… Ce fut l'occasion d'une belle sortie en tandem, entrecoupée d'un pique-nique en bord de Marne, là-même, et s'achevant par l'entretien de notre jardin de Bohême!

Néanmoins, la réflexion de ce matin m'a chagriné, ému. Quoi ? Le **moi** ne serait que *le résultat d'un passé lourd d'inconscience, de désirs inassouvis, de peurs et de réactions ! Incapable donc de discerner le vrai du faux et d'agir en relation authentique avec la vie…*

**Ne suffit-il pas d'une pluralité de 'je' pour constituer un 'moi' ?** *Je suis né de l'amour de papa JP pour maman C.; j'ai* *vite dû porter des lunettes, vers l'âge de 3 ans ; nous avons déménagé de Tours pour le Lude, pour nous rapprocher des grands-parents ; je suis l'aîné des deux garçons et, enfant, j'ai beaucoup joué avec mon frère; j'ai adoré les calculs mentaux, les calculs algébriques, les équations ; j'ai très vite adoré une fille à l'école primaire ; je n'ai jamais aimé manger du lapin ; je me suis acheté un mange-disque, quand j'avais onze ou douze ans ; etc.*

Moi, je vous le garantis : non seulement cette pluralité de 'je' est très, très cohérente, mais en plus c'est un seul et même individu qui a vécu tout cela: moi ! Pas mon frère, ni mon cousin, ni mon ami d'enfance JP. Moi !

En rentrant de notre belle sortie, je retrouve le bloc-notes quasiment ouvert à la page du dernier résumé:

L'homme est un animal, descendu de l'arbre et des Grands Singes. Sa bipédie semble lui avoir permis de développer la parole et la conscience, en tant que faculté d'être attentif, lucide, conscient des choses. Il n'en reste pas moins que ses décisions sont surtout guidées par l'émotion, son histoire et son environnement (l'éducation, l'héritage génétique, l'environnement social, les expériences, les prédispositions). Le libre arbitre est une illusion. Quant à son intelligence naturelle, elle n'est pas forcément en danger par rapport à l'intelligence artificielle à laquelle l'homme fait appel de plus en plus, s'il prend soin de conserver de la curiosité, de l'ouverture à l'autre, et un langage riche, lui permettant de pousser les limites de 'son monde'.

résumé que ce matin j'ai un peu complété:

> Si l'on accepte pour définition de la conscience la faculté de porter son attention sur quelque chose, de lui donner du sens, et éventuellement d'agir en conséquence, on accepte volontiers alors la conception nietzschéenne selon laquelle Il y a en l'homme autant de 'je' qu'il y a de forces plurielles qui constituent et qui animent ce corps, chaque force ou chaque 'je' cherchant à être sous les feux de la rampe. 99 fois sur cent, cette faculté (alias conscience) est portée sur des souvenirs, des anticipations dans le futur, des besoins physiologiques, des pensées automatiques, des obligations professionnelles ou sociales, des activités ludiques numériques. Et une fois sur cent – ou davantage quand on y travaille – cette faculté-conscience laisse filer le flot continu des vaguelettes de l'immanence et réussit à se porter sur … l'onde de fond, une onde silencieuse, sereine, contemplative, accomplie, absolue.

*« Brice, si tu as envie de désigner par 'moi' les 99% de ton activité cérébrale, ce n'est absolument pas grave! C'est ce que l'on a tous appris à faire. »*

Ah cette voix intérieure! C'est celle qu'il faut écouter parce qu'elle est sage, intuitive, la voix de mon ange gardien en quelque sorte. En tout cas, cette petite voix intérieure n'est pas 'moi', si j'en crois 'ses' conseils.

Le 'moi' aussi serait une illusion ? Voyons …

Voyons … Si une même faculté de conscience, d'attention, d'observation porte son coup de projecteur sur les éléments que j'ai listés tout-à-l-heure - *j'ai vite dû porter des lunettes, vers l'âge de 3 ans ; je suis l'aîné des deux garçons; enfant, j'ai beaucoup joué avec mon frère; j'ai adoré les calculs mentaux ; j'ai très vite adoré une fille à l'école primaire ; etc.* – et si cette même faculté les a mémorisés et les rafraichit de temps en temps, pendant ses activités nocturnes (le sommeil paradoxal), n'y a-t-il pas là un pôle ? Un pôle que …

« *Un pôle auquel, plus tard dans l'évolution, l'individu va s'identifier et qu'il apprendra à désigner par les trois lettres: 'moi'.*»

Ce n'est pas grave de s'y identifier, tu me l'as toi-même dit.

« *Non, ce n'est pas grave, reprend ma petite voix intérieure. Tant que le je mental ou le je émotionnel ne s'habitue pas à plaquer des noms sur toutes ces choses pour simplement les étiqueter, les ranger dans une case du 'savoir', et en tirer avantage par la suite. C'est ce qui s'est passé avec votre mot 'dieu'.* »

Je laisse les mots s'infuser en moi, comme des feuilles apaisantes de camomille ou de verveine dans l'eau bouillante et montante de ma colère…

Dit-elle vrai ? Pour 'dieu', je dois le reconnaître : jusqu'à une période encore récente, ce n'était rien d'autre, pour moi, qu'un nom qu'il fallait savoir traduire pour ne pas blesser mes interlocuteurs (Yahvé, Allah, Jésus) et qui renvoyait à une entité une et absolue, créatrice de l'univers. Nom effectivement rangé dans une case.

Pour le mot 'moi', c'est une autre affaire, pensé-je…

Puis des phrases que j'ai bel et bien exprimées par le passé me reviennent : «c'est à moi !», « j'en ai bavé, moi !», «ce n'est pas moi quand je suis en colère», «je n'ai plus d'égo, j'y ai travaillé », «je suis au-dessus de tout ça, moi», «personne ne me comprend »...

La petite voix a vu juste: j'ai probablement utilisé le nom 'moi' à des fins possessives (« C'est à moi ! »), égotiques («personne ne me comprend ») ou futiles, avant même que je puisse prétendre me connaître, moi. Et se connaître, ce n'est pas mettre des noms ou des images sur ce 'moi', c'est prendre conscience des mouvements d'humeur, des pensées, des réactions et actes que déclenchent en 'moi' les faits et dires extérieurs.

Quel émoi d'observer ce qui reste du moi ...

Le 'moi' procède donc des pensées, et non l'inverse. Je pense à une phrase tirée de 'l'histoire secrète du monde' (Jonathan Black) « ce ne sont pas les gens qui pensent mais plutôt les pensées qui gentent.» Intellectuellement, j'avais trouvé la formule d'une beauté surréaliste, comme si elle fut le titre d'un tableau de Magritte. Et j'en étais resté là, baignant dans un petit plaisir intellectuel sans conséquence. Je ne voulais surtout pas la décliner, la décortiquer, la faire mienne. Aujourd'hui, je comprends que ce sont les pensées qui m'ont genté. Encore une blessure narcissique, annoté-je dans mon bloc-notes.

Si vous faites aussi l'analyse de vos pensées, sentiments et volontés, vous n'aurez pas besoin, en fait, de distinguer le 'je' du 'moi'. Vous écrivez évidemment 'je' dans chaque phrase dont vous êtes le sujet, et effectivement 'moi' pour désigner l'ensemble de votre expérience ou le pôle qui vous identifie; la distinction entre 'je' et 'moi' vous semblera vite arbitraire et langagière. 'Je' et 'moi' désignent en fait la même chose, c'est-à-dire ces forces plurielles et internes qui cherchent à s'arracher l'attention consciente, la lumière du projecteur.

Par ailleurs, ce n'est absolument pas grave de désigner par l'un de deux ('moi' ou 'je') les 99% de vos activités cérébrales: décisions et volontés, pensées et raisonnements, sentiments et émotions. Ce n'est absolument pas grave mais ça peut vous conduire à quelques pièges.

En premier lieu, ce même culturel ('moi') peut vous amener à vous construire sur des idées, des mots, des concepts (*je suis polytechnicien, j'ai été baptisé à l'église catholique, apostolique et romaine, je suis de nationalité française, ...*) et non sur une connaissance profonde de vous-même (*Comment réagis-je devant la mendicité d'un frère? Pourquoi ne serai-je pas heureux, heureux de vivre ? Est-ce que je n'ai vraiment pas de chance dans la vie ou est-ce que je vis des épreuves qui vont m'aider à grandir?*).

Deuxio, cette facilité langagière peut aussi vous amener à croire des individus transhumanistes qui veulent fabriquer des puces que vous pourrez insérer dans votre crâne, pour que votre *moi* soit aussi sur le cloud, et pour qu'ainsi vous deveniez soi-disant immortel. En quoi l'enregistrement dans un cloud de mes activités cérébrales et de ma pluralité de 'je', peut-il donner l'immortalité à ce quelque chose en *'moi'* qui est conscient, attentif, observateur?

Enfin, ce même culturel, appelé 'moi', peut vous amener à suivre la logique de Douglas Hofstadter et de ses confrères, selon lesquels je suis, vous êtes, nous sommes simplement *des boucles étranges.* Une boucle, c'est ce que vous obtenez lorsque vous tournez la caméra de votre ordinateur vers son propre écran, ou lorsque vous prenez la photo d'un modèle dans un jeu de miroirs.

Pauline Greefhorst, 'Sarah' (2008)

Et une boucle étrange, c'est le même phénomène d'imbrication ou de mise en abyme, mais en utilisant plusieurs niveaux. Alors que vous changez au moins une fois de niveau durant la boucle, vous vous retrouvez étrangement à la case départ. La plus connue des boucles étranges est le dessin de Escher: 'Mains dessinant' / 'Drawing Hands'

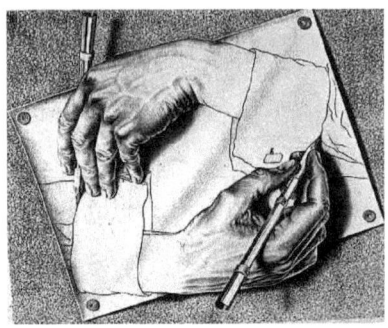

Pour Douglas Hofstadter, votre sensation du 'moi' résulterait du même phénomène : une boucle étrange débuterait dans votre crâne à partir d'un premier niveau neuronal traduisant le symbole 'je' ou 'moi' en signaux simples, puis elle aboutirait par étapes, au cours d'élaborations successives sur des couches cérébrales supérieures, à des symboles de plus en plus riches et complexes : votre 'moi', pluralité de 'je'…

L'effort est louable, mais la démonstration n'est pas probante. Prenez un instant et amenez dans votre espace conscient, sous votre projecteur interne, non plus le texte que vous étiez en train de lire, mais le symbole 'moi'. Que vous vient-il à l'esprit (à l'esprit = sous ce projecteur conscient) ? L'image de vous enfant, ou celle de qui vous êtes maintenant, les images de ce par quoi vous êtes passé, vos qualités et vos défauts, voire l'image freudienne de l'iceberg, avec le *moi*, le *surmoi* et le *ça*. Dans tous les cas, ce qui viendra dans votre espace conscient, séquentiellement, ce sont des images; pas une vue d'ensemble bien construite, synthétisant la totalité de vos 'je' et obtenue par le parcours instantané d'une *étrange boucle* intérieure.

Là encore, quel émoi d'observer ce qui reste du moi ...

Ainsi, i) j'ai une majorité de gènes **communs** avec tous les individus de mon espèce – ceux de nos ancêtres descendus d'un arbre. ii) Le libre arbitre de ma volonté peut être une **illusion** lorsque cette volonté reste assoupie; la force de la volonté se limiterait alors à ce qu'en disait aussi Albert Camus: au seul choix de vivre ou pas cette vie, qui par ailleurs semble si absurde. iii) Je n'ai conscience que d'une **infime partie** de toutes 'mes' activités cérébrales. iv) la pluralité des forces et pensées intérieures – tous ces 'je' qui s'expriment – peut être désignée par ces trois lettres 'moi', mais ne constitue **aucunement** un pôle d'identification. v) la seule faculté qui me confère de l'êtreté[29] est celle de porter attention (sur), prendre conscience (de), donner un sens (à).

---

[29] Êtreté vs Existence. Le mot **exister** signifie par lui-même qu'une chose a une consistance à partir de, c'est-à-dire à partir d'autre chose. Il s'agira de savoir à partir de quoi ce qui **existe** a son existence. Peut-être l'Êtreté justement...

Je perçois que je ne suis plus très loin de mon but, ou en tout cas que je suis en chemin et sur une 'bonne' voie. L'espèce inconnue, qui m'aime et que j'aime, commence à dévoiler son vrai visage : celui d'êtres vivants du genre Homo qui ont suffisamment pratiqué, travaillé, médité pour avoir peut-être atteint le Samadhi, le JE-SUIS.

Le visage d'une espèce aimante…

## Rejoins la révolution de la planète des sages!

Hier soir, je me suis endormi comme un bébé! Sur cette belle image : le visage de la nouvelle espèce, celui d'individus aimants et sages.

*«Je fais souvent ce rêve étrange et pénétrant*
*D'une [espèce] inconnue, et que j'aime, et qui m'aime,*
*Et qui n'est, chaque fois, ni tout à fait la même*
*Ni tout à fait une autre, et m'aime et me comprend. »*
- Paul Verlaine

Ce matin, à mon réveil, j'ai la très nette impression que ce visage a été mixé dans la nuit avec celui de Cornelia, la femelle chimpanzé de *'La Planète des singes'*. Indéniablement, mes phases de sommeil paradoxal ont été l'occasion d'intenses activités cérébrales! Des extraits du film

'La Planète…', adapté du roman de science-fiction de Pierre Boulle, me seraient-ils revenus, comme venant de zones de la conscience qui n'avaient pas été activées depuis trop longtemps ?

Juste réveillé, toujours allongé, je regarde le visage de Claire, endormi et tourné vers moi.   Un visage calme, où le chagrin n'a pas encore trop laissé de traces, où le repentir n'en gravera jamais ; un visage qui répand de la douceur sur tout ce qui l'environne. Sa chevelure blonde, défaite et bouclée, dépose ses terminaisons au gré du relief et des mouvements de la nuit. C'est le visage d'une femme connue, *et que j'aime et qui m'aime / Et qui n'est, chaque fois, ni tout à fait la même / Ni tout à fait une autre, et m'aime et me comprend.*

Comme à l'accoutumée, le dimanche, je prépare le petit-déjeuner que nous nous autorisons à prendre au lit! Encore un petit rituel entre nous, parmi quelques autres qui ont vu le jour au fil de notre épanouissement.

En remontant avec le plateau, j'aperçois au loin, dans le salon, l'ensemble des photographies et images que j'ai sélectionnées pour accompagner ce travail. Je commencerai par elles, à l'issue du petit-déjeuner dominical.

Ainsi, je me rends compte...

Je me rends compte que, pendant sept jours, j'ai cherché la signification d'un rêve devenu finalement familier, j'ai cherché à mettre un visage sur les individus de cette espèce inconnue, peut-être appelée à remplacer l'Homo Sapiens, en m'appuyant délibérément sur des visages non humains.

Je me rends compte que, pendant ce travail, j'ai en fait cherché à mettre fin à mes certitudes et croyances, à les 'tuer'. Saint Paul conseillait ceci: «*il vous faut abandonner votre premier genre de vie et dépouiller le vieil homme, qui va se corrompant au fil des convoitises décevantes, pour vous renouveler par une transformation spirituelle de votre jugement et revêtir l'Homme Nouveau...* » Moi aussi, j'ai cherché à dépouiller, et même à 'tuer', le vieil homme en moi. Comme René Descartes pendant ses Méditations.

Je l'ai fait par trois fois, et par trois voies :

- d'une part en décortiquant l'ensemble de mes fonctions cognitives pour tenter d'y identifier un noyau, niché sous les couches psychiques reptiliennes, égotiques ou socio-culturelles ; c'est tout le travail sur les 'je': le 'je' physiologique, le 'je' émotionnel, le 'je' mental bloqué dans des schémas, le 'je' intellectuel qui se croit supérieur, etc.

- d'autre part en m'ôtant les images mentales, qui associaient systématiquement la conscience et le libre arbitre à l'Homo Sapiens. Finies les images d'Epinal avec l'humanité comme stade ultime et réussi de l'évolution. Et il faut dire que les images de nos cousins les Grands Singes m'y ont beaucoup aidé ;

- enfin, en méditant, en préférant parfois laisser filer les pensées, sans m'y accrocher, pour laisser venir la sérénité, la paix intérieure.

A quoi suis-je arrivé, en ce septième jour ? Indubitablement, pas encore au repos[30]!

Je pense être arrivé à ceci...

---

[30] *Au premier jour, Dieu sépare la lumière des ténèbres. [...] Au sixième jour, Dieu crée les créatures terrestres, incluant l'Homme (Adam), mâle et femelle. Le septième, Dieu se repose.*

1) Comme l'homme est un animal qui descend de l'arbre et des Grands Singes, il y a de cela un million d'années pour l'Homo Erectus, il n'existe aucun Dessein Intelligent, ni d'évolution souhaitée et pilotée par une puissance divine; **l'Homo Sapiens est livré à lui-même, je suis livré à moi-même.**

Et comme il n'y a pas, à proprement parler, de caractéristiques propres à l'homme, **différencier l'homme de l'animal n'a aucun fondement éthologique.** Affirmer que l'Homo Sapiens est l'espèce supérieure du règne animal relève au mieux de la prétention, au pire d'un mauvais plaidoyer spéciste.

2) J'ai fait l'expérience selon laquelle **mon 'je' est en fait pluriel.** Il s'agit de maîtriser cette pluralité, de la canaliser: amener le ballon dans la cage du gardien, œuvrer avec le capitaine qui est à la barre du gouvernail, ou ne suivre que sa voix intérieure et faire taire le bruit égotique...

Pour ce faire, l'individu de l'espèce Homo Sapiens détient une faculté : sa conscience, son attention, sa capacité à donner du sens. Je peux ainsi plus ou moins exercer ma faculté de conscience sous forme de force dans la volonté, de sagesse dans les pensées ou de beauté dans les sentiments (émotions).

Comme toute prise de conscience intervient 500 ms après l'activité cérébrale déclenchée, **la faculté de conscience peut**

**s'avérer illusoire** si elle est délaissée, assoupie sur le divan de la pièce de Guitry.

Alors le risque existe que l'individu Homo Sapiens ne connaisse, sa vie durant, que le flux non maitrisé des émotions, pensées, souvenirs, besoins, anticipations, croyances et obligations sociales. Le risque existe qu'il reste alors *inconscient de son arrière-plan psychologique, des perversions, des distorsions qui empêchent le discernement et le rendent incapables de vivre complètement, d'une manière créative dans le mouvement même de la vie.*

Cet individu n'aura peut-être pas réussi à réellement vivre, à être. **La pluralité** de ses forces intérieures, **de tous ces 'je', aura eu le dessus** sur ce qu'il est véritablement : **le grand JE, Samadhi, ou JE-SUIS.**

Je pense – c'est une hypothèse, et non pas une croyance -, je pense que tout être a la faculté de porter attention (à), d'être conscient de quelque chose, et de donner du sens à ce qu'il observe, à ce qu'il pose sous les feux de son projecteur conscient. Je dirais même que **être**, c'est précisément **être cette faculté, cette conscience** (de), **cette attention** (à), **la signification, le sens donné** (à).


La difficile distinction à faire concerne, non pas le 'je' et le 'moi' (deux concepts identiques), mais le **symbole** me désignant ('moi-je') et la **faculté** de conscience (faculté qui se manifeste sous forme du libre arbitre de la volonté, de sages pensées ou de belles émotions).

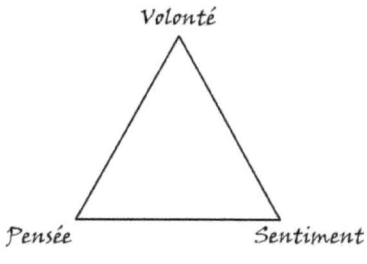

Faculté de conscience

Dans son *'cogito ergo sum'* - *'je pense donc je suis'*- la prise de conscience par René Descartes du fait qu'il pense est, selon lui, une preuve de son êtreté[31]. Selon moi, son raisonnement aurait pu tout aussi bien être : 'je veux donc je suis' ou 'je ressens donc je suis', du fait même que la faculté de conscience ne se manifeste pas uniquement par la pensée, mais aussi par la volonté et le sentiment.

Et notons au passage que le *cogito* cartésien ne prouve rien concernant l'êtreté ou pas du 'moi'/'je'. Et pour cause, puisque le je est pluriel et les deux surtout des concepts… René Descartes aurait donc pu le formuler à l'infinitif: *'cogitare ergo esse'*.

Parenthèses fermées… Donc, mon inconscient reçoit des millions de petits messages (des bits) par seconde, qu'il traite, filtre ou enregistre, et il en réoriente une infime partie vers

---

[31] Il sera mis en annexe une réflexion sur 'êtreté versus existence' ou ' être versus se manifester'.

mon espace conscient. 77 petits messages sur les 11 millions ont droit aux feux de la rampe de *mon* théâtre intérieur, à *mon* attention toute particulière, à *ma* faculté de conscience... Seulement alors ils deviennent **pensée, volonté** (consciente) **ou sentiment** (conscient). Seulement alors ils deviennent **information**.

Parmi les 11 millions de petits messages par seconde, quelques-uns seulement se présentent à *ma faculté; je* prends alors conscience que *la Terre est une planète sphérique qui tourne autour de l'étoile 'soleil'* (le message devient pensée), que *je suis amoureux* (le message devient sentiment), ou que *je veux manger 'végétarien'* (le message devient volonté).

Plus je contrôlerai ce flux, moins je serai dépendant de mes prédispositions naturelles, de mes expériences passées ou de mon histoire et mon environnement social, et plus *je* serai le capitaine de *ma* faculté consciente.

4) l'humanité a fait montre d'une phénoménale puissance créatrice en matière de technologie, au point néanmoins que l'individu pourrait être tenté de moins apprendre, de déléguer de plus en plus d'activités à une Intelligence Artificielle, **risquant ainsi de s'abêtir, de perdre en capacité d'expression et en autonomie;**

5) Mais j'ai foi[32] en l'avènement **d'une espèce qui sera plus résiliente, plus sage, plus spirituelle**, ainsi qu'en l'existence d'une planète où vivent encore des Sages. Une planète dont la révolution autour de son soleil agit sur nous comme la danse des derviches-tourneurs (sama).

Si vous me croisez dans la rue et me demandez qui je suis, je vous répondrai évidemment que *'je suis Brice Pascal, je suis écrivain et philosophe, je suis marié, j'habite dans la région parisienne, etc.'* Que je vous réponde par l'enchaînement d'une vingtaine de caractères *'Brice, écrivain philosophe'*, par la fonction d'onde |brice>, par des coordonnées dans l'espace-temps, par des instantanés photographiques, ou par de doux noms comme *'toi'*, *'papa'*, *'chéri'*, j'utiliserai à chaque fois une pluralité de symboles et de codes, reflétant bien d'ailleurs la pluralité de mon 'je'.

Mais, vous l'avez compris, l'être qui répond n'est pas réductible à 'je', 'toi', |brice> ou 'Brice, écrivain philosophe', comme les êtres à qui il s'adresse ne sont pas réductibles à 'toi', 'vous', 'chérie', 'maman' et encore moins à '<u>ma</u> femme', '<u>mon</u> fils'.

---

[32] *La foi n'est pas une attitude de refuge devant la faiblesse de ses propres opinions. Elle se nourrit au contraire du savoir, s'abreuve de la raison, et ne couvre pas uniquement ce que nous ne pouvons pas démontrer à autrui. [...] En réalité, la foi résulte d'une impulsion vers la connaissance, d'un élan vers la vérité.*

Pour résoudre ce genre de difficultés, il est généralement fait appel à des symboles autoréférentiels. Par exemple, dessinez un carré avec quatre côtés égaux et quatre angles droits et vous obtenez un symbole autoréférentiel; vous pouvez ajouter cinq lettres en-dessous ('carré') ou six ('square'), vous ne rajouterez aucune information (le sens sera le même). Le plus souvent, un symbole ne peut se comprendre que dans le symbolisme qui fonde, pour une large part, son interprétation. '*Tu*' et '*toi*' ne se comprennent qu'au sein d'un ensemble de deux individus; '*papa*' ne se comprend qu'au sein d'une famille ; le code '*je sors de Polytechnique*' ne se comprend qu'en France, et peut-être même qu'au sein d'une frange de la population française. L'humanité a-t-elle réussi à identifier le symbole autoréférentiel qui désigne notre faculté de conscience, notre être le plus intime, sans qu'aucune méprise ou mésinterprétation ne soit possible ? Quel serait le symbole universel désignant **l'être conscient** (de), **attentif** (à), **observateur, donnant du sens** ?

J'ai repéré quelques candidats que je viens partager avec vous.

Le Labyrinthe

Le Saint Graal

Le Yin&Yang

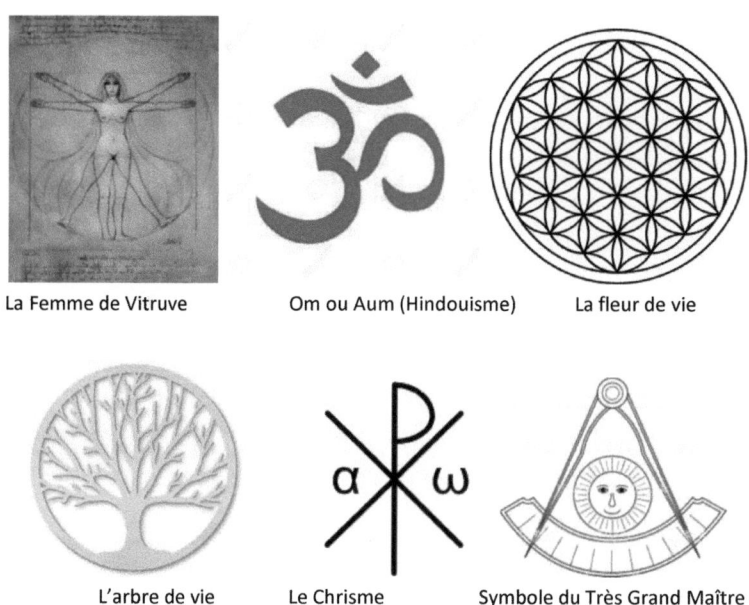

La Femme de Vitruve     Om ou Aum (Hindouisme)     La fleur de vie

L'arbre de vie     Le Chrisme     Symbole du Très Grand Maître

Le symbole universel et autoréférentiel, désignant notre faculté de conscience à tous (symbole qui ne peut donc pas être 'je' ou 'moi') existe-t-il vraiment ? Les Sages de notre planète nous le diront peut-être …

En attendant, souvenez-vous : quel que soit le symbole approchant que mon être utilisera pour répondre à la question 'qui suis-je ?', mon être est détenteur - tout comme 'votre être' - de cette faculté d'attention, de conscience, de signification qui ne peut pas s'identifier à, se confondre avec, se fondre dans un simple 'je', ou un vulgaire 'moi'.

Ainsi, si vous me croisez dans la rue et me demandez qui je suis, jamais je ne vous répondrai: ' je suis cette même faculté *que toi/que vous ; je suis aussi conscience (de), attention portée (sur); je suis verbe et non pas sujet. Et il se trouve que le substrat qui me permet de 'vivre' cette existence, ici et maintenant, est le corps que vous voyez, avec la fonction sociale que je vous ai indiquée, avec l'attirance qu'il éprouve vis-à-vis d'un autre être, conscient.'*

Et la très bonne raison de ne pas vous répondre ainsi n'est pas parce que cette réponse est fausse, mais parce qu'elle est tellement vraie, profonde et maintenant totalement oubliée que vous prendriez peur, vous m'insulteriez de tous les noms ou vous me tueriez si votre système de croyance vous y oblige.

Notre espèce est bel et bien en train de passer à côté de quelque chose… Un grand nombre d'entre nous a été élevé, éduqué selon le modèle occidental: cadre laïc, économie capitaliste, société individualiste… Et la globalisation semble réussir à imposer ce modèle au reste du monde.

Dans un tel contexte, peut-il exister des Sages de l'espèce Homo Sapiens qui réussiraient à contrôler leurs pensées et leurs besoins immanents? A faire davantage l'expérience de la pleine présence, de la pleine attention à quelque chose d'autre que le flot grouillant des 'je' pluriels ? Et sur quelle planète parviendraient-ils à vivre ? Où est cette planète des Sages ? Permettez-moi de vous *conter une histoire, celle* des ***gardiens d'un savoir millénaire***[33] :

> *Très peu de gens, quelques familles, ont accès à ces grottes. Elles prennent soin de ces êtres, elles peuvent communiquer avec eux. N'ont accès à ces grottes que les individus que les êtres tolèrent. Les grottes sont très difficiles à localiser, elles sont bien dissimulées, à l'abri du regard des hommes. On y trouve des forces mystérieuses, inconnues, mortelles pour certains ; elles protègent l'accès d'éventuels intrus. Si un individu en trouve l'entrée et qu'il arrive à s'y introduire, il va peu à peu commencer à se sentir mal, le malaise ira grandissant, puis il va s'effondrer, et s'il ne fait pas demi-tour, il est sûr de mourir.*
>
> *On trouve quelques récits de personnes qui ont pu y pénétrer, pour des raisons exceptionnelles.*
>
> *Une légende relate les événements suivants : Quand il y a eu une grande sécheresse en Inde au XIe siècle, un prince a entrepris un voyage vers une de ces grottes sacrées, pour consulter un homme célèbre dans la Haute Antiquité, et lui demander conseil. Beaucoup de dangers le guettaient dans*

[33] https://www.elishean.fr/le-grand-secret-de-lhimalaya-et-des-atlantes/

*la grotte : des serpents, des vrais et des mystiques, la difficulté de respirer ; des forces inconnues agissaient sur son corps et son esprit. En état de méditation, il est parvenu à entrer en contact avec l'esprit de ce grand homme. Quand celui-ci s'est rendu compte que le prince était bien intentionné et qu'il demandait de l'aide pour ses congénères, les forces hostiles se sont tues, il a pu rester.*

*La grotte était immense, elle contenait douze salles séparées. Dans l'une de ces salles, le prince a trouvé le grand homme en état de samâdhi, son esprit planait dans l'espace. Son corps était desséché, mais il était vivant. Il séjournait là depuis un million six cent mille ans. Il a entrouvert les yeux. Le prince indien a commencé à s'adresser à lui en sanscrit, pour lui demander assistance. L'homme desséché lui faisait signe du regard qu'il comprenait sa requête. Il lui a montré un objet qui pendait au mur. C'était un anneau mystique. Le prince a pris l'anneau, puis il s'est dirigé vers la sortie. Dans une salle voisine, il a vu un autre homme en état de samâdhi, un prince sikh, qui était entré en état de samâdhi au V e siècle, et dont on sait qu'il est revenu à une existence normale au XVIIe siècle.*

*À la sortie de la grotte, le prince est tombé nez à nez avec huit serpents. Un des serpents a fait couler une goutte de sang sur l'anneau mystique. La goutte s'est élevée dans le ciel, il s'est mis à pleuvoir.*

*Un homme appelé Devendra Lowndel a pénétré dans la grotte en 1637, il y séjourne depuis en état de samâdhi. Après lui, plus personne n'est entré dans cette grotte. Un lama de la lignée Bön (un Bönpo), que Muldashev a rencontré, dit à ce propos : « Il existe, au nord du Tibet, une grotte où séjourne un homme, Moze Sal Dzyang, depuis plusieurs siècles, en état de samâdhi.*

*La découverte de la dépouille d'un lama tibétain momifiée en position du lotus agite le monde scientifique et religieux. Selon les adeptes du bouddhisme tibétain, le moine retrouvé dans une grotte, enveloppé de peaux de bêtes, et dont l'état de conservation du corps étonne les scientifiques, serait en « méditation très profonde ».*

Ces Sages ont existé et existent encore; ils furent appelés *Siddhārtha Gautama, Pythagore, Platon, Confucius, Yehoshua* (Jésus de Nazareth), *Ibn Atta Allah* (né en 1250, en Egypte), *Thérèse d'Avila, Helena Blavatsky, Mahatma Gandhi, Nelson Mandela, Sœur Emmanuelle* (née Madeleine Cinquin), *Krishnamurti,* sa Sainteté le 14ᵉ Dalaï Lama (*Tenzin Gyatso*), l'académicien François Cheng, ...

Ces Sages ont fait l'expérience de l'Êtreté sur la planète Terre, c'est-à-dire l'expérience de la pleine conscience, de la pleine sérénité, de l'union et la fusion avec quelque chose de plus grand, **une fois maîtrisé** le flot des émotions, pensées, souvenirs, craintes, croyances, obligations. Leur **maîtrise** a requis Force dans la volonté ...

> « *Simon, il n'y a qu'une chose dans l'Univers, une seule force : la Force, celle qui proclame « je » en nous et qui nous en fait apparaître une multitude d'autres. Pense à une goutte d'eau, Simon. N'est-elle pas Une avec les cristaux de glace qui naissent en elle si tu la refroidis ? Dans la Nature, tout existe et vit selon cette image et seule l'âme, selon la direction qu'elle choisit, aura le loisir de se diversifier. C'est simple ...* [34]»

... Sagesse dans la pensée, Beauté dans le sentiment ou l'émotion.

Par exemple, à côtoyer Jésus de Nazareth, ses disciples ont entrevu qu'il y avait en lui plus grand que le temple, plus grand que le sabbat, plus grand que la manne, plus grand qu'Abraham, plus grand que Moïse et la Loi elle-même. Cela

---

[34] Daniel Meurois, Anne Givaudan, *'De mémoire d'Essénien'*

les amena  peu à peu à formuler leurs propres réponses à la question que leur posèrent le comportement et l'être même de Jésus : «*Pour vous, qui suis-je?*». Les évangiles dévoilent ces réponses formulées par les disciples. Pierre s'exclama : «*le Messie, le Fils du Dieu vivant*» ou encore le cri de Thomas : «*mon Seigneur et mon Dieu!*». A en croire même le 4ème évangile, Jésus accepta le titre proprement divin de «***Maître et Seigneur***» que lui donnèrent ses disciples.

Siddharta Gautama enseignait que "celui qui est **le maître de lui-même** est plus grand que celui qui est le maître du monde."

Nelson Mandela avait pour poème favori '*Invictus*' de William Ernest Henley :

Dans la nuit qui m'environne,
Dans les ténèbres qui m'enserrent,
Je loue les Dieux qui me donnent
Une âme à la fois noble et fière.

Prisonnier de ma situation,
Je ne veux pas me rebeller.
Meurtri par les tribulations,
Je suis debout bien que blessé.

En ce lieu d'opprobre et de pleurs,
Je ne vois qu'horreur et ombre.
Les années s'annoncent sombres,
Mais je ne connaîtrai pas la peur.

Aussi étroit soit le chemin,
Bien qu'on m'accuse et qu'on me blâme,
Je suis **le maître de mon destin,**
**Le capitaine de mon âme.**

La Planète des Sages n'est ni l'invention d'un auteur de Science-Fiction, ni un Olympe imaginaire dans les cieux au-dessus de la Grèce antique, ni la 10$^{\text{ème}}$ planète du système solaire (appelée tantôt Niburu, tantôt planète X).

La Planète des Sages, si tant est qu'il n'y en ait qu'une seule, est bien la nôtre, la 3$^{\text{ème}}$ planète du système solaire, dans la galaxie 'Voie Lactée' au centre de laquelle se trouve un trou noir massif. Et les Sages qui ont fait l'expérience de l'Êtreté dans cette partie de l'Univers observable ne sont probablement pas tous du genre Homo et de l'espèce Sapiens. Parmi eux, il y a probablement eu aussi un Figuier des Pagodes (le pipal du Bouddha), un Pyracantha (le buisson ardent de Moïse), de Grands Singes (comme la gorille Koko), des Dauphins, une chatte d'Egypte (Bastet), les loups avec lesquels Baptiste Morizot nous invite à cohabiter (sur une autre carte du vivant).

Et bien d'autres que vous avez, vous, identifiés.

En ce jour du Soleil - jour de repos -, je suis peut-être parvenu à clore un cycle personnel, initialisé avec 'Mon Rêve Familier' de Paul Verlaine :

«Je fais souvent ce rêve étrange et pénétrant
D'une *[espèce]* inconnue, et que j'aime, et qui m'aime,
Et qui n'est, chaque fois, ni tout à fait la même
Ni tout à fait une autre, et m'aime et me comprend.»

L'espèce qui m'était inconnue et qui serait plus résiliente que l'Homo Sapiens est une espèce, non pas au sens phylogénétique du terme, mais au sens *d'une nature propre à plusieurs êtres vivants qui permet de les faire entrer dans une classe, une catégorie distincte des autres*: **la catégorie des Sages.**

La catégorie des derviches-tourneurs qui tournent sur eux-mêmes comme les planètes font leur révolution autour de la lumière.

La catégorie des Maîtres de leur destin et Capitaines de leur âme.

Et peut-être vous, vous qui avez acquis Force d'âme (ferme volonté), Beauté d'âme (nobles sentiments) et Sagesse d'âme (sages pensées).

Ces Sages font un long travail qui aboutit à bien distinguer entre *'être (pleinement) conscient de'*, *'être le capitaine de son âme'*, *'con-naître le grand JE'*

et

*'exécuter une action, un ordre'*, *'répondre à un besoin physiologique'*, *'agir par peur'*, *'s'accrocher à une pensée automatique, à une croyance'* ou *'cumuler du savoir'*.

Entre 'être' et 'faire' (ou 'avoir')

Entre le Grand JE' et la pluralité de 'je'.

Parce que là est la connaissance (la con-naissance), là est la re-naissance (après chaque petite mort du vieil homme ou de la vieille femme qui est en nous).

Et là est mon espérance pour la survie de notre espèce, grâce à cette catégorie d'individus, qui nous aiment et que j'aime.

# Epilogue

Je me réveille naturellement, et à l'heure souhaitée pour cette nouvelle journée de travail. Il me semble que le rêve devenu familier ne soit pas venu me visiter cette nuit. L'écriture a peut-être porté ses fruits.

Je perçois une absence à mes côtés, je ne vois pas Claire (mais je ne vois pas clair non plus!). C'est elle cette fois qui s'est levée au milieu de la nuit. Je la retrouve, au rez-de-chaussée, mon bloc-notes entre les mains.

« *J'étais curieuse de connaître la fin*, m'accueille-t-elle avec son sourire et une chevelure à la Baudelaire.
*- Mais bien-sûr, chérie. Je t'aurais demandé ton avis, de toute façon… Et ?*
*- J'aime beaucoup. Et je vois que tu es allé loin dans l'analyse de ta psyché. La fin me semble bien optimiste, mais je comprends que tu souhaites finir par une note d'espoir…*
*- De l'espérance, Claire. On dit que l''espoir relève souvent de l'illusion alors que l'espérance relève de l'intuition! Mais oui, sinon, c'est bien ça. Merci chérie…*
*- As-tu déjà lu quelque chose des travaux de Carl Jung ?*
Puis sans trop attendre la réponse…
*- J'ai retrouvé pour toi un de ses bouquins que j'avais dû étudier lors ma formation : 'Psychologie de l'inconscient'. Jung y confirme que la plupart d'entre nous avons effectivement un désaccord à gérer entre notre conscient et notre inconscient.*

*Une forme de désunion existentielle en soi-même... C'est bien ce que tu évoques, aussi, au début de ton texte : tu te sens seul lorsque tu réalises ou que tu crains que l'humanité va disparaître ?*

*- Et ça pourrait générer un conflit entre mon conscient et mon inconscient ?*

*- Oui, dans le sens où tu essaies peut-être de résoudre en toi-même un problème d'ordre plus général, quelque chose qui te dépasse, le problème de toute une civilisation. Notre conscient voudrait rester fidèle à son idéal, un idéal humaniste et spirituel qui se représente chaque individu Homo Sapiens comme un Sage en devenir. Alors que notre inconscient, lui, tend vers une réalité bien plus terre-à-terre: chaque individu est aussi et avant tout un animal avec ses pulsions, ses instincts et ses besoins primaires. Jung a donc écrit là-dessus: vouloir résoudre en soi-même un problème d'ordre plus grand peut aboutir à ce qu'il appelle une désunion existentielle...*

*- Et donc potentiellement à une névrose!*

*- C'est le risque...*

*- Et tu te dis qu'il y a déjà suffisamment d'êtres humains qui souffrent d'un traumatisme ou d'une névrose. Ce n'est peut-être pas le moment d'en rajouter.*

*- Je me dis que, grâce à ce travail, tu as réussi à sortir de ta chrysalide et j'en suis vraiment heureuse. Laissons à chacun, néanmoins, le temps de bien apprécier s'il le veut aussi. S'il le veut et s'il en a la force, les ressources... »*

« Amen, *me dis-je intérieurement. Que cela puisse être vrai, que cela puisse se vérifier... »*

# Références

Marc Auburn, '001% : L'expérience de la Réalité' (2013)

Antonio Damasio, 'L'erreur de Descartes' (1994)

Joseph Delteil, 'Jésus II' (1947)

Sigmund Freud, 'Introduction à la psychanalyse' (1916)

Douglas Hofstadter, 'Je suis une boucle étrange' (2013)

William Ernest Henley, 'Invictus' (1888)

Carl Jung, 'Psychologie de l'inconscient' (1952)

Jiddu Krishnamurti, 'La première et dernière Liberté' (1995)

Pierre Mayol, 'Qu'est-ce que croire ?' (1997)

F. Nietzsche, 'Le Gai Savoir' (1882)

Pierre-Léon d'Orbais, 'Par-delà les Sycomores des Temples de Memphis' (2019)

Brice Pascal, 'L'humanité se meurt… Et vous comment allez-vous ?' (2019)

Dominique Schmidt, 'L'homme envoûté par la Matière', 3ème millénaire

Paul Verlaine, 'mon rêve familier' (1866)

Voltaire, François-Marie Arouet, 'l'Homme'

# ANNEXE

# Qui est 'je' dans le §1 ?

## Quel est le propre de l'homme ?

| Les situations (action, sentiment, pensée, décision/choix) | Qui est 'je' ? |
| --- | --- |
| Il m'arrive de rire. Surtout entouré de ceux que j'aime. | le 'je' émotionnel et social |
| J'aime tant lire, et collectionner ces objets (de voyage). | le 'je' mental, le 'je' du plaisir intellectuel |
| Je méconnais (ou ravale) tout sentiment de supériorité | le 'je' mental (intellectuel) |
| Je découvre que mes décisions conscientes consistent plutôt à dire 'non' aux alternatives préparées inconsciemment. | le 'je' intellectuel (aucune émotion ressentie) |
| Je qualifie l'homme de 'sale bête' qu'on adore | le 'je' conceptuel, jouant avec les mots (mon 'je' émotionnel aime autant les bêtes que l'Homo Sapiens) |

# Qui est 'je' dans le §2?

## Existe-t-il un 'je' qui veut avec Force ?

| Les situations (action, sentiment, pensée, décision/choix) | Qui est 'je' ? |
|---|---|
| Je me réveille grâce à une application sur mon 'téléphone intelligent' | le 'je' physiologique, auquel j'ai rajouté une béquille technologique |
| Je descends avec mon chien, pour lui ouvrir la porte | le 'je' physiologique en mode pilotage automatique / inconscient |
| Au petit-déjeuner, j'écoute le flux anxiogène d'information | le 'je' de la routine |
| Pour le rendez-vous médical à Paris, je me laisse guider par l'IA embarquée | le 'je' de l'ego paresseux, et le 'je' psychique qui cherche à réduire le stress |
| Mon agenda prévoit que je rejoigne le bureau dans une heure | le 'je' mental, conditionné, obéissant à un jeu de contraintes |
| Si un tigre vient vers moi, j'ai peur et je cours. | le 'je' reptilien, animal |
| Je cède et accepte de répondre aux notifications reçues sur le téléphone | le 'je' de la facilité ou le 'je' émotionnel (suis-je important ?) |
| J'ai le sentiment de souffrir de l'infobésité (les medias, les apps, les emails, …) | le 'je' conscient éprouve de l'empathie pour le 'je' inconscient ! |
| Au restaurant d'entreprise, je charge mon plateau de plats équilibrés ou végétariens | le 'je' mental et rationnel qui veut se donner 'bonne conscience' |
| J'analyse rapidement si mes besoins selon la pyramide de Maslow sont assouvis | le 'je' de l'analyse |
| Faut-il d'abord répondre à ses besoins pour pouvoir exercer son libre arbitre? | le 'je' physiologique et sécuritaire primera sur le 'je' intellectuel et conceptuel |

| | |
|---|---|
| Je décide de me rendre dans une librairie, à la sortie du bureau | le 'je' des sentiments qui aime se dire qu'il s'agit de liber arbitre. |
| Suis-je soumis à mes instincts (comme le chat de la librairie) ? | le 'je' est pluriel (et donc pas uniquement physiologique / reptilien). |
| Est-ce que j'ai mes propres opinions ou suis-je l'opinion publique ? | le 'je' mental, intellectuel et social |
| Après arbitrage avec ma première épouse, je décidai d'accepter un nouveau job au Portugal | le 'je' émotionnel (joie d'une nouvelle expérience) |
| J'ai décidé de quitter Nantes pour prendre une nouvelle fonction à Paris | le 'je' émotionnel (fierté, joie de la découverte) ou le 'je' rationnel ? |
| J'ai décidé d'investir dans une maison à Meaux, avec Claire | le 'je' rationnel (investissement à long-terme), allié au 'je' de l'amour |
| Nous avons décidé d'héberger une jeune femme hondurienne, juriste, qui a obtenu le statut de réfugiée politique | le 'je' empathique, social et solidaire. Y a-t-il un 'je' humaniste ? |

J'ai conscience de mes actions (conscientes !) mais j'ignore les causes qui me déterminent à agir. Chez moi aussi, Madame Volonté est plutôt assoupie, la Force de ma volonté plutôt faible.

# Qui est 'je' dans le §3 ?

## Existe-t-il un 'je' empli de Sagesse ?

| Les situations (action, sentiment, pensée, décision/choix) | Qui est 'je' ? |
|---|---|
| Je respecte les croyances religieuses de mes pairs, je peux même pratiquer leur rite à leurs côtés, mais je reste agnostique | le 'je' spirituel, adogmatique |
| J'ai néanmoins besoin de pratiquer des rituels (comme lors de l'office religieux dans le rêve) | le 'je spirituel ? |
| Je pense que tous les êtres vivants ont la faculté de conscience | le 'je' mental, qui raisonne, pèse, argumente, et réfute |
| J'ai un avis plutôt négatif sur la croyance (contrairement à la foi) | le 'je' émotionnel (colère ?) ou le 'je' rationnel ? |
| Soit je sais, soit je ne sais pas. Mais je n'ai pas besoin de croire. | Le 'je' rationnel |

Chez 'moi', davantage de Sagesse dans la pensée que de Force dans la volonté ...

# Qui est 'je' dans le §4?

## Sagesse de la pensée, bêtise naturelle ou intelligence artificielle?

| Les situations (action, sentiment, pensée, décision/choix) | Qui est 'je' ? |
|---|---|
| J'utilise les apps ('la fabrique du crétin digital') ? | Est-ce que le 'je' mental s'abêtit ? |
| Je serais incapable de changer. Le mieux que je puisse faire, c'est vivre avec mes codes. Un être humain est un algorithme simple. | Pour le 'je' mental et rationnel : probablement vrai. Mais pour les autres 'je' ... |

# Qui est 'je' dans le §5?

## Y a-t-il un 'je' qui reconnaît la Beauté des émotions?

| Les situations (action, sentiment, pensée, décision/choix) | Qui est 'je' ? |
|---|---|
| J'ai eu peur de l'inconnu, peur de voir disparaître mes proches, mes congénères. Une peur mâtinée d'un soupçon de tristesse... | le 'je' émotionnel |
| J'ai été amoureux d'une même fille à l'école primaire puis au collège | le 'je' émotionnel |
| J'ai ressenti de la joie, du plaisir à apprendre, découvrir, comprendre | le 'je' émotionnel |
| J'ai été ému lors de mon premier comme lors de mon second mariage | |
| Lors de mes changements de fonction au sein de l'entreprise, j'ai davantage écouté mes émotions qu'une rationalité | |

Là encore, davantage de Beauté dans les émotions que de Force dans la volonté, ...

# Qui est 'je' dans le §6?

## Ma conscience est conscience de...

| Les situations (action, sentiment, pensée, décision/choix) | Qui est 'je' ? |
|---|---|
| Tel Sisyphe, je fais l'ascension intellectuelle et mentale d'une Montagne «Conscience» | le 'je' spirituel ou socratique qui veut apprendre à se connaître |

# Qui est 'je' dans le §7?

## Je ne serait-il pas un Autre?

| Les situations (action, sentiment, pensée, décision/choix) | Qui est 'je' ? |
|---|---|
| 'Je' découvre que dans le cogito, je est un Autre, que les forces intérieures sont plurielles | Hofstadter ne dit-il pas que je est une boucle étrange ? |
| Ai-je déjà réalisé une œuvre de conception originale ? Ai-je eu alors le sentiment que l'inspiration venait à moi ? | |
| Pourquoi se fait-il que je me sens autre, différent des congénères, 'barré', hors sol ? | |
| J'ai (souvent) faim | le 'je' physiologique |
| Et dans l'exemple, je décide de ne pas céder à la faim, parce qu'il est trop tôt pour déjeuner. | le 'je' social et culturel, qui respecte les règles de vie en société |

# Qui est 'je' dans §8 ?

## Où suis-je dans la cour de jeu?

| Les situations (action, sentiment, pensée, décision/choix) | Qui est 'je' ? |
|---|---|
| Je médite régulièrement | le 'je' ne s'accrochant pas au flot de pensées et de souvenirs. |
| Sans me considérer supérieur, il m'arrive de ne pas vouloir respecter, une règle, une contrainte, qui n'a aucun sens selon moi. | un 'je' qui pourrait tomber dans le schéma des 'droits personnels exagérés' |
| Je perçois tout de façon dichotomique, sans nuance, polarisée. | un 'je' à la pensée automatique 'tout ou rien' |
| Je tire des conclusions hâtives (habituellement négatives) à partir de peu d'évidence. | le 'je' (mental) qui conclus hâtivement |
| Je tire une conclusion générale sur la base d'un seul événement, d'un seul incident | le 'je' (mental) qui sur-généralise |
| Je filtre et m'attarde sur les détails négatifs d'une situation | le 'je' à abstraction sélective |
| J'amplifie l'importance de mes erreurs ou mes lacunes. | le 'je' (mental) qui dramatise |
| | |
| | |
| | |

# Qui est 'je' dans §9 (un peu d'émoi …)?

## *'je' et 'moi' sont identiques*

| Les situations (action, sentiment, pensée, décision/choix) | Qui est 'je' ? |
|---|---|
| je n'ai jamais aimé manger du lapin | le 'je' gustatif |
| «c'est à moi !», « j'en ai bavé, moi !», «ce n'est pas moi quand je suis en colère», «je n'ai plus d'égo, j'y ai travaillé », «je suis au-dessus de tout ça, moi», «personne ne me comprend » | L'identification d'un 'moi' illusoire (égotique) à ce que l'individu possède, a fait ou pense être |
| 'je suis polytechnicien', 'j'ai été baptisé à l'église catholique, apostolique et romaine', 'je suis de nationalité française' | Ce sont des étiquettes, des concepts, des noms. Le véritable 'moi' est dans la connaissance de mes mouvements, pensées et sentiments face à … |
| | |

# Qui est 'je' dans §10?

| Les situations (action, sentiment, pensée, décision/choix) | Qui est 'je' ? |
|---|---|
| Flot interrompu, sérénité, union & fusion, Samadhi, ... | le Grand JE |
|  |  |
|  |  |
|  |  |
|  |  |

# Être et exister

https://fr.quora.com/Cogito-ergo-sum-Je-pense-donc-je-suis-croyez-vous-que-le-raisonnement-de-Descartes-%C3%A9tait-logique

## L'existence de l'être

La différence entre être et exister est assez subtile et rarement prise en compte, et dans le langage courant on emploie l'un pour l'autre. Existe (*ex-iste* du latin *existere* = sortir de) ce qui se manifeste à vous. C'est ce dont vous pouvez percevoir les effets à travers vos organes des sens, éventuellement prolongés par des instruments d'observation.

L'*existence* est donc quelque chose de relatif, dépendant du récepteur. Par exemple les phéromones que dégagent les papillons femelles pour attirer les mâles à des centaines de mètres à la ronde *existent* pour les papillons mais n'*existent* pas pour les humains. Ou tout du moins n'existaient pas avant que les humains n'aient développé les instruments de mesure leur ayant permis de capter ces phéromones.

Il pourrait donc *être* des choses qui n'*existent* pas pour nous parce que leurs manifestations ne nous parviennent pas. Mais nous n'avons alors aucune raison de supposer qu'elles *sont*. Et c'est ce qui explique que l'on emploie une expression pour l'autre : si une chose n'*existe* pas (c'est-à-dire ne se manifeste pas à nous) :
- soit nous n'avons même pas l'idée de l'évoquer ;

- soit notre évocation est le pur produit de notre imagination et la probabilité pour que cette évocation corresponde à un *étant* est nulle.

## L'erreur de Descartes

Cette distinction entre *être* et *exister* résonne avec l'opposition entre dualisme et matérialisme.

«Je pense, donc je *suis*». S'interrogeant sur ce dont il ne pouvait douter, Descartes exprimait par cette formule qu'il pouvait douter de tout sauf du fait d'*être* que lui renvoyait l'*existence* de sa pensée. Et suivant cette logique, Descartes affirmait la dualité d'un monde des idées, en tout connaissable, distinct d'un monde matériel dont il fallait se défier de la réalité (qui pouvait n'être qu'un rêve ou l'illusion créée par un « malin génie »).

L'erreur de Descartes, dénoncée par le neuropsychologue Antonio Damasio dans son livre éponyme (« *L'erreur de Descartes – La raison des émotions* »), est inhérente aux paradigmes du 17ème siècle. Dans notre paradigme évolutionniste, le cerveau est au service du corps et non l'inverse. Et donc :

Notre conscience d'*être* comme celle de l'*existence* de l'Univers nous sont procurées par le ressenti de notre corps : notre corps *existe* et interagit avec son environnement et nous le fait bien sentir. Et c'est là notre expérience sensible commune.

Notre pensée, notre rationalité, sont éminemment contrôlées par les émotions émanant de notre corps, quoique nous prétendions.

Cependant les inexpliqués de la conscience et les croyances théologiques soutiennent encore la pensée dualiste d'un monde spirituel séparé du monde matériel. Alors, dualisme ou matérialisme ?

Il est un principe de « bon sens », très utilisé en sciences, celui du rasoir d'Ockham qui dit que « les hypothèses suffisantes les plus simples doivent être préférées », ce qu'en langage populaire on exprime par « ce n'est pas la peine de chercher midi à quatorze heures ». Ce point de vue écarte l'hypothèse dualiste qui, par rapport à l'hypothèse matérialiste, introduirait d'inutiles complexités comme la nature de l'interaction entre esprit et matière, celle de l'unicité du monde des idées (il y a plusieurs esprits alors qu'il n'y a qu'une matière), le respect du principe de causalité de la Physique (principe violé si l'esprit peut agir sur la matière), et ainsi de suite.

Dans notre hypothèse matérialiste donc, l'*existence*, celle qui se manifeste à nous, est interaction de matière. L'*être existant* est obligatoirement matériel et l'*être* immatériel n'*existe* pas (n'interagit pas). Et la conscience émergerait bien de la matière. Toute logique s'inscrit dans un paradigme donné et les paradigmes de la logique de Descartes ne sont plus d'actualité.

Édition : Books on Demand,
12/14 rond-Point des Champs-Elysées, 75008 Paris
Impression : BoD - Books on Demand, Norderstedt, Allemagne
ISBN : 9782322223862
Dépôt légal : Août  2020